GERALD F. RUBISCH

Abenteuer Jenseits

GOLDMANN
Lesen erleben

Buch

Es geschieht gar nicht so selten, dass Menschen, die an der Schwelle des Todes stehen oder medizinisch bereits für tot gehalten werden, in das körperliche Leben zurückkehren und dann von eindrucksvollen Erlebnissen berichten: von Tunnelerfahrungen, Lichterlebnissen, Begegnungen mit Verstorbenen oder dem Überblicken ihres Lebenspanoramas. Gerald Rubisch hat sich intensiv mit vielen Menschen beschäftigt, die Nahtoderfahrungen machen durften. Er hat sie begleitet, um bei den Veränderungen hautnah dabei zu sein, die diese Erlebnisse bewirkten. So beschreibt er nicht nur faszinierende Bewusstseinsreisen, die den Blick über die Grenzen des irdischen Lebens hinaus öffnen. Er berichtet auch, wie Nahtoderfahrungen oft eine dramatische Umorientierung auslösen und zu einer großen Herausforderung für das Weiterleben in unserer diesseitsbezogenen Welt werden.

Autor

Gerald F. Rubisch führte nach handwerklicher Ausbildung und Staatsdienst viele Jahre eine eigene psychologische Praxis. Daneben widmete er sich der Erwachsenenbildung und gab Seminare und Workshops zu psychologischen Themen und im Bereich der Naturheilverfahren. Heute hat er eine philosophische Praxis, in der er Menschen in herausfordernden Lebenssituationen berät und begleitet. Er trifft sich regelmäßig mit Menschen mit Nahtod- und anderen außergewöhnlichen Bewusstseinserfahrungen.

Gerald F. Rubisch

Abenteuer Jenseits

Nahtoderfahrungen und wie das Leben danach weitergeht

GOLDMANN

Die Abbildungen auf S. 230 und S. 243
zeigen Acrylgemälde von Heide-Margarete Rubisch.

MIX
Papier aus verantwortungsvollen Quellen
FSC® C014496
FSC
www.fsc.org

Verlagsgruppe Random House FSC-DEU-0100
Das für dieses Buch verwendete FSC®-zertifizierte Papier
München Super liefert Arctic Paper Mochenwangen GmbH.

1. Auflage

Originalausgabe, März 2013

Umschlaggestaltung: UNO Werbeagentur, München
Umschlagmotiv: Getty Images / © Ron Koebere
Lektorat: Ralf Lay
WL · Herstellung: cb
Satz: EDV-Fotosatz Huber/Verlagsservice G. Pfeifer, Germering
Druck: GGP Media GmbH, Pößneck
Printed in Germany
ISBN 978-3-442-22020-5

www.goldmann-verlag.de

Meinen Eltern
Irmgard und Gert Doenicke
gewidmet

Inhalt

Vorwort

In diesem Buch von Gerald F. Rubisch werden Sie neben vielen persönlichen Beschreibungen von Nahtoderfahrungen nicht nur sehr viel über ihre Auswirkungen auf den Lebenslauf und die Lebenseinstellungen der Betroffenen erfahren, sondern auch darüber, welche weitreichenden weiteren Konsequenzen sich daraus ergeben beziehungsweise entwickeln.

Trotz der zum Teil unterschiedlichen Erlebensbeschreibungen lässt sich mittlerweile in der wissenschaftlichen Betrachtung ein deutliches Muster im Ablösungsprozess definieren. Dennoch sollten Sie sich ermutigt fühlen, Ihre eigenen Gedanken und Gefühle wahrzunehmen, sie zuzulassen und gegebenenfalls auch mitzuteilen. Dieses Buch vertritt den Anspruch, nicht nur gelesen zu werden, sondern sich von dem Geschehen, dem Geschriebenen berühren und andere an dieser Berührung teilhaben zu lassen. Diese Kommunikation kann ausgesprochen positiv und bereichernd wirken, sodass Sie auf den Erlebnisreisen in die unterschiedlichsten Ebenen mitgenommen werden. Möglicherweise stellen Sie fest, dass die Erlebnisse anderer Sie inspirieren und Sie sich plötzlich auf Ihrer eigenen Erlebnisreise befinden. Häufig genug haben Nahtoderfahrungen zu drastischen Erkenntnissen und entsprechenden Nachwirkungen geführt. Das Gleiche kann Ihnen allerdings auch ohne Nahtoderfahrung geschehen, wenn Sie von dem »gutartigen Virus« infiziert werden, wie Kenneth Ring es nannte, einer der Pioniere der Nahtodforschung. Ganz gleich, ob Sie ein offener Mensch sind oder sich als Skeptiker sehen – erwischen kann es jeden, wie ich selbst erlebt habe.

Stellen Sie sich vor, Sie sind Student, 22 Jahre alt, naturwissenschaftlich zentriert, mit den Hauptinteressenbereichen Physiologie und Biochemie und geraten in einen Unfall, bei dem Sie sich selbst in vollkommener Klarheit beobachten können. Sie sehen Ihren eigenen Körper, haben das Wissen, dass das Ihr Körper, dies aber überhaupt nicht von Belang ist – weil dieses beobachtende Ich-Bewusstsein den ganzen Wahrnehmungsraum einnimmt. Vielleicht so, als würden Sie in Ihrem Garten einen Baum betrachten: Sie wüssten, der gehört mir, aber das ist überhaupt nicht das, worauf es ankommt. Denn dieser Baum hat mit Ihrem Ich, das diesen Baum ansieht, nicht wirklich etwas zu tun.

Im weiteren Verlauf machen Sie unterschiedliche Erfahrungen, die Sie im ersten Erleben sowohl als neutral wie auch als begeisternd wahrnehmen. Später werden Sie versuchen, das Erlebte in das aktuelle Wissenschaftsbild zu integrieren – und haben Gedanken wie: »Das ist wohl ein Schockzustand, der neurophysiologische Zustände im Gehirn auslöst, die vielleicht mit den Übersprungshandlungen aus der beschreibenden Verhaltensforschung vergleichbar sind.« Dann könnten solche begeisternde Wahrnehmungen möglicherweise auf kurzkettige Eiweiß- beziehungsweise Opiatverbindungen zurückzuführen sein. Es folgt – noch später – die erschütternde Erkenntnis, dass solche Moleküle respektive chemischen Verbindungen aber nicht in der Lage sein können, die exakten Realitäten abzubilden, die parallel zu einem solchen außerkörperlichen Erleben wahrgenommen werden. Kurzum, Sie sind mit Ihrem naturwissenschaftlichen Latein am Ende.

Zum damaligen Zeitpunkt – mein Unfall ist über vierzig Jahre her – wusste man noch viel weniger von der Gehirnchemie und der Wirkungsweise von Neurotransmittern, von Endorphinen & Co. Ähnlich wie Gerald F. Rubisch damit verfahren ist, habe auch ich damals meine Erlebnisse erst einmal ordentlich verdrängt, weil meine Fragen nicht zu beantworten waren.

Ich habe mein Studium fortgesetzt und mit Examen und anschließender Promotion beendet, um dann unter anderem als Geschenk zur bestandenen Doktorprüfung ein Buch von Dr. Raymond Moody über Nahtoderlebnisse von reanimierten Intensivpatienten zu erhalten. Ich habe dieses Buch in wenigen Tagen mehrfach gelesen, und meine ganzen Erlebnisse waren nicht nur wieder detailliert präsent, sondern wiesen im Kontext mit den anderen Beschreibungen auf ein mögliches Lebensprinzip hin. Neben dieser inneren Erleichterung kam nun auch noch eine interessierte Begeisterung darüber hinzu, mehr über diesen Bereich des Todes zu erfahren. Ich stellte Fragen wie »Wer ist dieser Wahrnehmer?«, »Wer ist dieses Ich, das offensichtlich Dinge erfassen kann, die definitiv nichts mehr mit der Biochemie des Körpers zu tun haben?«, »Wer bin ich überhaupt?«, »Wo komme ich her, wo gehe ich hin?«, »Wieso ist da eine solche gefühlte Begeisterung, dieses vollkommene Wohlbefinden, diese völlige Schmerzfreiheit?« … Fragen über Fragen, auf die ich nun auch Antworten finden wollte.

In den weiteren Jahren meiner Erlebnisreise wandelte ich mich immer mehr zu einem gläubigen Menschen. Meine am Studienanfang gelebte Position – das ganze Leben sei ausschließlich eine hochorganisierte Form biochemischer Abläufe – konnte und wollte ich nicht mehr aufrechterhalten.

In den Jahren danach kamen weitere Pioniere der Nahtoderfahrung wie Kenneth Ring und Elisabeth Kübler-Ross, um nur wenige zu nennen, zu meiner immer größer werdenden Literaturliste hinzu und bestärkten mich, immer noch weiter in diese Bereiche des Todesumfeldes vorzustoßen. Am Anfang war es für mich recht schwierig, schließlich musste ich mich mit Themen beschäftigen, in denen ich mich – immer noch hauptsächlich naturwissenschaftlich orientiert – anfänglich sehr schwertat. Durch meine Stelle im Bereich Humanbiologie und Gesundheitserziehung an der Aachener Hochschule beschäftigte ich mich aber auch mit den Auswirkungen von Entspannungstechniken wie autogenem Training, progressiver Muskelentspannung nach Jacobsen im Vergleich mit indischen Meditationstechniken auf den menschlichen Körper und die Psyche.

Mittlerweile hat sich die Hospizbewegung Gott sei Dank deutlich positionieren können, in Krankenhäusern werden mehr und mehr menschenwürdige Begleitumstände im Bereich des Sterbens eingerichtet, und es gibt eine zunehmende Anzahl an gut ausgebildeten Sterbebegleitern. Personen, die Sterbenden in den unterschiedlichen Phasen ihres Ablösungsprozesses durch ihr liebevolles Wissen die Loslösung erleichtern oder sogar zu einer richtigen Feier gestalten können.

Das Erleben der körperlichen Loslösung, das tiefe Erkennen, dass wir in unserer Essenz wesentlich mehr sind als eine raffinierte, über die Jahrtausende optimierte Anordnung biochemischer Abläufe, hat in fast allen Fällen von Nahtoderfahrungen zu tiefen Veränderungen der inneren Positionierung im Bereich Sterben und Tod geführt. Damit haben wir aber auch zwangsläufig eine veränderte Einstellung zum Leben gewonnen. Gibt es ein Ziel, das der Mensch beziehungsweise die ganze Menschheit anstrebt? Lassen Sie sich auf solche Fragen ein und beginnen Sie damit Ihre eigene Erlebnisreise. Es werden verständlicherweise Fragen nach der Sinnhaftigkeit und dem Zweck des Lebens gestellt, die die Naturwissenschaft nur ausgesprochen kalt und unbefriedigend beantwortet. In diesem Buch werden Sie über weitere tiefgreifende Aspekte und Nachwirkungen von Nahtoderfahrungen erfahren. Die weitreichenden Konsequenzen in Spiritualität, Mystik wie auch im sozialen und psychologischen Bereich werden deutlich. Sie werden erkennen, dass Menschen, die Nahtoderfahrungen gemacht haben, viel glaubwürdiger sind, authentisch in ihren Erfahrungen, und sie beweisen dies nachhaltig durch ihre beeindruckenden Veränderungen, die auf die tiefe spirituelle Dimension des Erlebten hinweisen. Gerade das Erleben dieser spirituellen Dimension macht den Wert von Nahtoderfahrungen für den Einzelnen aus und wird damit auch für Sie als Leser wertvoll. In der Konsequenz übernehmen Nahtoderfahrene wesentlich eher und auch mehr Verantwortung für sich und ihr Umfeld bis hin zur globalen Verantwortung. Durch die zunehmenden Erkenntnisse werden sie aber auch verständnisvoller, sind liebevoller im Umgang mit sich selbst und mit ihren Mitmenschen, häufig auch mit allen Mitgeschöpfen. Eigenschaften wie Mitgefühl, Nächstenliebe, Demut, Verständnis und wissende Bescheidenheit sind oft Ergebnisse von Nahtoderfahrungen. Die freiwillige Reduktion des persönlichen Egoismus ist nicht Folge von vorgegebenen Handlungen, sondern von den tiefgreifenden inneren Erkenntnissen über das Leben schlechthin.

Seit unserem Kennenlernen vor gut zehn Jahren sind der Autor Gerald Friedrich Rubisch und ich in einer tiefen Freundschaft verbunden. Weder die große räumliche Distanz noch die wenige gemeinsame Zeit können diese Freundschaft belasten. Sie ist einfach da.

Ich freue mich ganz besonders über dieses Buch von Gerald und wünsche allen Lesern die Ruhe und den Frieden, mit denen sie die Erlebnisreisen auf sich wirken lassen sollten. Vieles davon lässt sich nur schwer durch Worte vermitteln, aber wir können oft genug etwas von dem erfassen, was zum Ausdruck zu bringen versucht wird. Nehmen Sie sich einfach Zeit und Raum für sich und all die Assoziationen, Gedanken und Gefühle, die während und vor allem nach dem Lesen in Ihnen erwachen. Sie werden sich vielleicht nicht der Faszination entziehen können, die entsteht, wenn Sie sich vom »gutartigen Virus« der Nahtoderfahrungen und deren Konsequenzen berühren lassen. Dann wird dieses Buch auch Ihr Leben verändern. Dann hat Ihre Erlebnisreise begonnen, und Sie werden vielleicht auch den Mut spüren, andere an Ihrer Berührung teilhaben zu lassen.

Dr. rer. nat. Eckehard Eibl
Woffelsbach, im Herbst 2012

Begrüßung

Viele Menschen haben den Begriff »Nahtoderfahrung« schon einmal gehört, wissen aber nicht ganz genau, was sie sich darunter vorstellen können. Ein Tunnel, ein glänzendes Licht heller als die Sonne, fremde Welten oder ein Lebensrückblick werden mit Nahtoderfahrungen in Verbindung gebracht, und dies scheinbar während völliger Bewusstlosigkeit, also dann, wenn wir weder denken noch sehen oder fühlen können.

Nahtoderfahrungen sind Jenseitsreisen, die ohne unseren Körper stattfinden. Wieder zurück ist nichts mehr so, wie es einmal war.

Was Sie hier in den Händen halten sind Berichte von Menschen, die das Jenseits schon einmal betreten haben. Wir haben es mit beeindruckenden Erzählungen aus einer anderen Welt zu tun, die so groß und bedeutungsvoll ist, dass sie unsere Vorstellungskräfte bei Weitem übersteigt.

Die meisten Wanderer zwischen den Welten sind nach der Rückkehr von ihren Erlebnissen tief beeindruckt. Fortan gelten andere Wertmaßstäbe, das Leben fühlt sich anders an. Was vorher wichtig war, tritt nun in den Hintergrund.

Was Nahtoderfahrungen von anderen Jenseitsreisen unterscheidet sind die Umstände, unter denen sie erlebt werden. Im engeren klassischen Sinne kommen sie dann vor, wenn unser Körper sprichwörtlich den Geist aufgibt und eigentlich gar kein Erleben mehr möglich sein soll. Dafür kann es nur eine Erklärung geben: Das, was uns als Mensch ausmacht und uns als einzigartig charakterisiert, hat mit unserem Körper nichts zu tun, sieht man einmal davon ab, dass er die »Wohnung unserer Seele« ist. So hat die Heilige und Kirchenlehrerin Teresa von Ávila einmal sinngemäß gesagt, dass wir gut auf unseren Körper achten sollten, damit unsere Seele Lust habe, darin zu wohnen.

Jenseitsreisen sind überall auf der Welt Bestandteile der menschlichen Kultur, die in der westlichen Zivilisation zwar weitestgehend verdrängt wurde, aber nie ganz verschwand. Mit der Erforschung von Nahtoderfahrungen erleben sie eine Renaissance und bilden heute die Brücke zwischen der objektiven Wissenschaft und unserem subjektiven Erleben.

Weil Nahtoderfahrungen unvorhergesehen auftreten, ist niemand auf sie vorbereitet. Völlig ahnungslos wird die Welt hinter der alltäglichen Kulisse betreten. Dort herrschen andere Gesetzmäßigkeiten, die die naturwissenschaftlichen Vorstellungen aus den Angeln heben. Was für die Reisenden aber viel wichtiger ist, sind ihre emotionalen Eindrücke. Häufig wird von einer unbeschreiblichen Liebe gesprochen, von einem tiefen Frieden und einer grenzenlosen Akzeptanz.

Von Gefühlen, die hier auf Erden so selten gelebt werden. Dabei sind es genau diese Impressionen, die meist zu einer völligen Neuorientierung im Leben führen und die Persönlichkeit eines Nahtoderfahrenen nachhaltig verändern.

Die soziale Umgebung weiß dann häufig nicht, was dahintersteckt, wenn der vertraute Mensch in ihrer Mitte plötzlich und unerwartet ein ganz anderer ist. Und der Zurückgekehrte steht vor großen Herausforderungen, wenn er sich nicht mitteilen kann, weil er mit seinem Erlebnis auf Skepsis stößt.

Ich habe Nahtoderfahrene über mehrere Monate, teils Jahre begleitet und wurde so Zeuge ihrer Veränderung. Dabei ist mir niemand begegnet, der seinen Wandel urplötzlich vollzog. Alle, die sich mir anvertrauten, hatten es mit einem intensiven inneren, psychischen und äußeren, sozialen Prozess zu tun. Von diesen Menschen und welche Hürden sie auf ihrem Weg der Integration ihrer Erlebnisse aus dem Jenseits in den Alltag überwinden mussten, handelt dieses Buch.

Da ich vor vielen Jahren selbst eine Nahtoderfahrung hatte, erzähle ich Ihnen gern auch von meinem eigenen, ganz persönlichen Weg. Ich wusste zunächst nichts von der wahren Natur meiner Erlebnisse, weil ich sie aus dem Blickwinkel meiner »alten Persönlichkeit« heraus interpretierte. Da wurde mein Lichterlebnis zur blendenden Sonne, meine außerkörperliche Erfahrung zu einem Film, den ich gesehen hatte, und meine veränderten Bewusstseinszustände hatte ich nicht als solche erkannt, bis ich eines Tages auf mein

Erleben aufmerksam gemacht wurde und die Herausforderungen ihren Anfang nahmen.

Nahtoderfahrungen üben auf viele Menschen eine hohe Faszination aus. Das liegt – wie gesagt – vor allem an den Umständen, unter denen sie erlebt werden. Naturgemäß werden wir auf unsere eigene Einstellung zum Tod aufmerksam, wenn wir uns mit Menschen konfrontiert sehen, die an der Schwelle zum Tod stehen. Nahtoderfahrene erzählen dann nicht nur von lebendigen, jenseitigen Welten, sondern auch von einem Leben nach dem Tod. Wäre es sonst möglich gewesen, dass sie Verstorbenen begegneten?

Jenseitsreisen finden aber nicht nur dann statt, wenn der Körper oder die Psyche bedroht ist, sondern sind auch Teil spiritueller und mystischer Wege. Damit relativiert sich die Exklusivität des Mythos Nahtoderfahrung, der im Laufe der Zeit entstanden ist. Jeder von uns trägt ein spirituelles und mystisches Erbe in sich und ist in der Lage, so seinen alltäglichen Horizont zu erweitern. Viele tun dies bereits, ohne es zu wissen, und wandern von Zeit zu Zeit zwischen den Welten.

Mit diesem Buch möchte ich Sie einladen, gemeinsam mit mir dem Geheimnis Jenseits ein wenig mehr auf die Spur zu kommen. Bei meinen Recherchen hatte ich Kontakt zu anderen Kulturen und zu unseren eigenen spirituellen Wurzeln. Denn vor noch nicht allzu langer Zeit war auch bei uns die Grenze zwischen Diesseits und Jenseits fließend.

Dieses Buch wird mit meiner eigenen Geschichte ausklingen. In den letzten Jahren nahm mein Leben mit der Erkrankung meiner Weggefährtin Heide erneut eine deutliche Wende, in der meine Nahtoderfahrung einmal mehr lebendig wurde.

Wenn ich vorher noch den leisesten Zweifel an den Fügungen des Lebens gehabt hatte, so sind sie heute gänzlich ausgeräumt. Auch deshalb, weil ich während der Suche nach einem geeigneten Platz zum Schreiben Bekanntschaft mit einem historischen Zirkuswagen machen durfte, der von da an zu meinem Refugium wurde. In dieser so geschichtsträchtigen rollenden Schreibstube durfte ich viele Stunden verbringen, die dieses Buch mit zu dem machten, was es heute ist.

Die Namen der Protagonisten habe ich verändert. Genauso wurden bestimmte Äußerlichkeiten bei den Geschichten modifiziert, wenn die Gefahr bestand, dass man Rückschlüsse auf betreffende Personen ziehen könnte. Am Sinn- und Wahrheitsgehalt ändert das allerdings nichts. Die Erlebnisse bleiben authentisch und wurden im Wesentlichen genau so erlebt.

Ich hoffe sehr, dass die Lektüre dieses Buches auch für Sie eine aufschlussreiche und bereichernde Reise werden wird und wünsche Ihnen beim Lesen dieser Zeilen eine gute und friedliche Zeit.

Ihr Gerald F. Rubisch
im Herbst 2012

Prolog

Die Angst vor dem Tod ist aus metaphysischer Sicht vor allem ein Mangel an Vertrauen in unsere eigene Natur.

So wie der Herbst die Natur scheinbar zum Erliegen bringt, machen auch wir uns irgendwann auf den Weg in eine unsichtbare Wirklichkeit. Im Winter trägt die Natur keine Blüten. Heimlich und unsichtbar bereitet sie sich auf den Frühling vor und findet im gabenreichen Sommer ihren vorläufigen Höhepunkt. Es ist der natürliche Rhythmus von allem, was lebt.

Als Teil der Natur machen wir da keine Ausnahme: Wir werden geboren, wachsen und entwickeln uns, und irgendwann werden wir wieder eingehen in das unsichtbare Reich und sterben.

Für diesen lebendigen und natürlichen Prozess haben vor allem die Menschen in den leistungsorientierten Industrienationen nur noch wenig Verständnis. Geburt, Sterben und der Tod sind jedoch elementare Bestandteile unserer Existenz. Es ist der Kreislauf allen Lebens.

Nun, wir haben die Wahl. Entscheiden wir uns für oder gegen unseren natürlichen und lebendigen Rhythmus? Diesen Konflikt nimmt unsere Seele als ein deutlich ungutes Gefühl wahr, und natürlich hat sie Angst, sie könnte vernachlässigt werden und zu wenig Aufmerksamkeit bekommen. Wir haben unserer eigenen Natur den Kampf angesagt. Unser konstruiertes Leben scheitert in dem Moment, in dem wir feststellen müssen, dass unser Dasein nicht kontrollierbar ist. Diesen inneren Konflikt tragen wir nach außen. Es ist der Konflikt zwischen Herz und Verstand. Wir erleben ihn auf allen gesellschaftlichen Ebenen, und ich meine, wir kompensieren ihn durch ökonomische Ideen, Konsum und Leistung. Durch den Tod und das Sterben macht uns das Leben aber auf seinen eigentlichen Rhythmus aufmerksam. Dass wir dann meinen, mit dem Tod zu versagen, ist bezeichnend für unsere Art zu leben. Müsste uns das nicht zu denken geben?

Der Fokus der Betrachtung in diesem Buch konzentriert sich auf unsere innere Erfahrungswelt. Jene unsichtbaren Orte, die den Herbst und Winter in unserem Zyklus beschreiben. Jede Kultur kennt Reisen ins Jenseits. Manche Völker beschreiben noch heute eine regelrechte Kartografie des Todes, was beim Sterben geschieht und wohin die Reise geht. Es sind symbolische Stationen, die sich auf eine eigenartige Weise ähneln, freilich mit einer persönlichen und kulturellen Note. Solche Reisen lassen sich allerdings weder rekonstruieren noch im Hier und Jetzt objektiv festhalten. Damit schließt sich ein *wissenschaftlicher* Anspruch aus:

»Die Empfindung nimmt die Dinge wahr, so wie sie sind, und nicht anders. Sie ist der Sinn für die Realität par excellence, das, was die Franzosen als ›fonction du réel‹ bezeichnen. Die Intuition nimmt ebenfalls ›wahr‹, doch weniger durch den bewussten Sinnesapparat als durch die Fähigkeit einer unbewussten ›inneren Wahrnehmung‹ der Möglichkeiten, die in den Dingen liegen. Der Empfindungstypus z. B. wird sich eine geschichtliche Begebenheit in allen Einzelheiten merken, die Zusammenhänge jedoch, in die sie eingebaut ist, nicht beachten; der Intuitive hingegen wird an den Einzelheiten achtlos vorübergehen, aber den inneren Sinn des Geschehens, seine möglichen Zusammenhänge und Auswirkungen ohne Mühe sofort wahrnehmen.«[1]

Nahtoderfahrungen sind Reisen in eine andere Welt. Was man dabei erleben kann, markiert den Übergang zwischen dem Leben, wie wir es aus unserer Perspektive sehen, und dem Tod. Derlei Grenzerfahrungen sind für Menschen, die noch keine Nahtoderfahrung erlebt haben, kaum nachvollziehbar. Für die Betroffenen selbst sind sie allerdings unbestreitbare Wahrheiten. Betrachten wir sie als eine Reise, kommen wir ihrer Bedeutung sicher am nächsten, denn auf ihren Sinn wird es letzten Endes ankommen. Eine Art Reisebericht ist deshalb die geeignete literarische Form, weil ich so die »klassische« Tradition derartiger Erlebnisse fortsetzen möchte.

Nahtoderfahrungen – Auf dem Weg ins Jenseits

Schon als Kind plagten mich viele Ängste, die mir auch nachts keine Ruhe ließen. Regelmäßig träumte ich von wilden Tieren und Feuer. Meistens war ich auf der Flucht. Ständig hatte ich Albträume.

Angst vor dem Tod hatte ich zunächst nicht. Sie entwickelte sich erst mit der Zeit. Als mein Großvater starb, geriet die ganze Familie in helle Aufregung. Trauer, Wut und Hilflosigkeit machten sich breit. Ich war noch ein Kind und bemerkte zunächst nur an den Reaktionen der anderen, dass irgendetwas nicht stimmte, dass der Tod etwas Schreckliches war. Der Tod selbst war für mich dabei kein Thema. Mehr das, was er hervorrief. Schließlich war mein Großvater doch im Himmel, wie es hieß – das konnte doch nicht so schlecht sein. Natürlich hinterließ er auch in meinem Leben eine Lücke. Doch jetzt war er beim lieben Gott. Warum sollte ich also traurig sein?

Jedes Mal, wenn ein Mensch starb, brach für die Hinterbliebenen eine Welt zusammen. Manchmal waren die Verstorbenen krank gewesen, manchmal ereilte sie der Tod ganz plötzlich. Hin und wieder war ich bei einem Begräbnis dabei und fühlte den Schmerz und die allgegenwärtige Trauer.

Als Kind ging ich noch einigermaßen regelmäßig in die Kirche. Dort erfuhr ich auch mehr von der »anderen Seite«. Es gäbe nämlich nicht nur einen Himmel, hieß es da. Wenn man kein gutes Leben führe, wäre es durchaus denkbar, auch in die Hölle zu kommen. Mich hat das sehr verunsichert, und mit der Zeit entwickelte ich dann doch eine intensive Angst vor dem Tod: Ich glaubte, ich wäre nicht in der Lage, ein gutes Leben zu führen und die Voraussetzungen für den Himmel zu erfüllen.

Nach und nach fühlte ich mich immer mehr unter Druck gesetzt. Das gute Leben schien für mich unerreichbar. Also versuchte ich, wenigstens die Erwartungen meiner Umgebung zu erfüllen. Wenn mir das nicht zu gelingen schien, regte sich stets mein schlechtes Gewissen. Ich identifizierte mich immer mehr mit einem Konstrukt fremder Überzeugungen. Die andere Welt wurde für mich zu etwas Gefährlichem. Es ging für mich fortan darum, möglichst alles zu vermeiden, was irgendwie mit dieser anderen Welt zusammenhing. Trotzdem war ich mir immer wieder im Klaren darüber, dass irgendetwas in meinem Leben nicht stimmte. Natürlich bezog ich alles auf mich: *Ich* war derjenige, der anders war.

Diesem in stark verkürzter Form dargestellten Muster meines Verdrängungsmechanismus kam ich während meiner psychotherapeutischen Ausbildung ein Stück weit auf die Spur. Um selbst einmal auf diesem Gebiet arbeiten zu können, musste ich mich einer Selbsterfahrung unterziehen. Die Psychotherapie hat vornehmlich die Aufgabe, das Ego zu stärken und herauszufinden, welche Fühl-, Denk- und Verhaltensweisen nicht gesund sind und wie man sie ändern kann. Von meiner geistigen Verfassung im Sinne einer spirituellen Entwicklung nahm sie aber keine Notiz. Mich störte das allerdings nicht sonderlich, zumal ich davon ja zunächst selbst keinen blassen Schimmer hatte.

Mein Freund, die Angst

Jeder Mensch kennt das Gefühl der Angst. Sie ist unser ständiger Begleiter. Ohne Angst sind wir nicht lebensfähig.

Die *biologische Angst* schützt uns vor alltäglichen Gefahren. Sie reagiert schneller als unser Verstand. In solchen Situationen läuft ein biologisches Programm ab, das uns entweder »fliehen« oder »angreifen« lässt.

Die *psychische Angst* sorgt sich um unsere Identität. Für sie steht das Ego im Vordergrund. Wenn wir sterben, verändert sich unser Selbstbild, und wenn wir uns mit dieser Veränderung nicht schon zu Lebzeiten auseinandersetzen, wissen wir nicht, wohin die Reise geht. Wir haben sonst keine Idee, was aus uns werden wird. Die Angst vor dem Sterben und dem Tod ist eine psychische Angst. In unserer leistungsorientierten Gesellschaft identifizieren wir uns mit unserem sozialen Stellenwert und glauben zu sein, wie wir von anderen gesehen werden. Ab dem Tag, an dem wir nicht mehr in der Lage sind, unsere Leistungen abzurufen, verändert sich dieses Bild, und unsere Identität bekommt Risse.

Mit einer solchen Einstellung sind wir natürlich gefordert, unser Leben weitestgehend zu reglementieren, was sich insgesamt in der gesellschaftspolitischen Situation widerspiegelt, denn daraus erwachsen die Konsequenzen, die eine Gesellschaft herausfordern. Es gilt, das Leben ringsumher derart unter Kontrolle zu halten, dass das Bild, das wir von uns selbst haben und das andere von uns haben sollen, gewahrt bleibt. Daraus ergibt sich eine Ich-Kultur, Egoismus und ein Leugnen der Eigenverantwortung. In diesem Zusammenhang wirkt eine Welt wie das Jenseits mit zu vielen Unbekannten sehr bedrohlich.

Die biologische Angst ist überlebenswichtig und bei allen Menschen in etwa gleich ausgeprägt. Die psychologische Angst ist aber auch eine Folge dessen, in welchem Verhältnis wir zum Jenseits stehen. Blenden wir das Jenseits völlig aus, entwickelt sich ein unnatürliches, geschlossenes System selbstkonstruierter Prozesse und Werte. Am Ende haben wir uns so sehr daran gewöhnt, dass wir uns vor dem jenseitigen Einfluss fürchten, weil er einfach nicht mehr in unser Bild vom Leben passt. Das war nicht immer so.

Denn die Welt, in der wir leben, hat nur scheinbar ihre Grenzen, nämlich da, wo das Jenseits beginnt. Aus der diesseitigen Perspektive wissen wir heute so gut wie nichts mehr über den Tod.

Also haben wir kurzerhand von hier aus beschlossen, was der Tod ist: Wenn das Gehirn seine Tätigkeit nachweislich aufgegeben hat, können wir auch nichts mehr erleben. Sogar wenn andere Zellen noch rege aktiv sind, haben wir dieser Auffassung nach kein Bewusstsein mehr. Nahtoderfahrungen strafen diese Behauptung allerdings Lügen. Von dem Punkt an, da von außen der Tod unmittelbar bestätigt wird, bis zu dem Ort der Entscheidung, wirklich dahinzugehen, passieren wir noch einige Stationen, und das ganz bewusst. Folglich ist unser Bewusstsein nicht von unserem Gehirn abhängig und der Todeszeitpunkt von außen nicht bestimmbar.

Der Tod ist so gesehen nicht das Ende des Lebens. Die meisten Menschen sind denn auch von einem Leben nach dem Tod überzeugt, selbst wenn niemand genau weiß, wie es aussieht. Diese Überzeugung folgt einem alten Volksglauben und traditionellem Gedankengut, das sich bis heute erhalten hat und immer noch lebendiges Wissen ist. Die Auffassung zog sich durch alle Epochen und endete »offiziell« vorerst mit der Inquisition, der wissenschaftlichen Revolution und der Aufklärung. Doch wenn wir uns den Tod als einen Daseinszustand in einer anderen Welt vorstellen, wissen, dass wir nicht wirklich sterben können, verliert er an Schrecken und der Mythos verblasst. Mittlerweile verstehe ich Nahtoderfahrungen als eine Reise in ein bislang unbekanntes und doch vertrautes Land. Denn obwohl es für uns weiter weg von unserem jetzigen Erleben als je zuvor ist, werden wir dort sicher heimische Gefühle haben.

Als ich mit diesem Buch schon begonnen hatte, rief mich eine junge Frau an. Sie plagte panische Angst vor dem Tod, und sie legte viel Hoffnung in meine Erfahrungen. Eine Woche später besuchte sie mich mit ihrem Ehemann. Ihre Freundin war kürzlich nach langer, schwerer Krankheit gestorben. Der Tod »an sich« mache ihr weniger Angst. Vielmehr was geschehe, wenn sich die Seele von ihrem Körper löse. Die meisten Nahtoderfahrenen, mit denen ich gesprochen hatte, wussten nicht genau, wie das vonstattenging. Dann erzählte ich ihr von meinem eigenen Erleben und konnte ihr damit die Angst vor dem Sterben nehmen. Was allerdings am Ende der Reise geschieht, konnte ich ihr auch nicht sagen. Zumindest nicht aus eigener Erfahrung.

Die Angst vor dem Tod ist sehr weitverbreitet. Aber es ist nicht die Angst vor dem Ende des Lebens, sondern eher vor dem Verlust der eigenen Identität. Wir erliegen einem großen Irrtum, wenn wir davon ausgehen, das Leben beginne mit der Empfängnis und ende mit dem Tod. Dieser eingeschränkte Bereich ist eine Illusion und begrenzt unsere Erlebniswelt. Andererseits ist es ein Raum der psychischen und mentalen Sicherheit, in dem wir uns vertraut bewegen können.

Ein »mustergültiges« Leben

Wenn wir die universelle Erlebniswelt, die Summe all dessen, was ein Mensch erleben kann, als Ganzes betrachten, entpuppt sich die konstruierte menschliche Erlebniswelt, also der eingeschränkte räumliche Bereich zwischen Empfängnis und Tod, als ein Inselzustand mit eigenen Gesetzen. Vermessen behaupten wir, die von uns entdeckten Gesetzmäßigkeiten seien so etwas wie das einzig Reale, alles, was darüber hinaus vorstellbar ist, sei wilde Spekulation. In diesem geschlossenen Raum bewegen wir uns mit einem begrenzten Sichtfeld, das wir schon für die ganze Wirklichkeit halten. Aus einer solchen Haltung resultiert Überheblichkeit, aber auch Neid und Konkurrenz.

Heute haben wir die Wissenschaft zur Religion erklärt und opfern Menschen auf den Altären der Finanzmärkte. Dahinter steckt ein simples Motiv: Wer Kontrolle ausüben will, muss gegenüber anderen mehr Macht haben. Dass dieses System aber nicht wirklich funktioniert, können wir unschwer an der täglichen Berichterstattung feststellen. Weder sind die Finanzmärkte stabil, noch halten die sozialen Systeme diesen Druck aus. Überall begehren die Menschen auf. Wir täten gut daran, uns Alternativen für unsere Diesseitsgestaltung zu überlegen, auch wenn wir dabei die Grenzen der Wahrnehmung erweitern müssen. Anstatt unseren Verstand auf diese Weise sinnvoll einzusetzen, geben wir ihm die Macht, über uns zu entscheiden:

> »Philosophen haben unseren Verstand eine Insel inmitten eines unbegreiflichen Ozeans genannt. Wer versucht, die Insel zu verlassen, verstrickt sich in Paradoxe, verirrt sich in Gebiete, über die man besser schweigt, oder läuft Gefahr, bei der Konfrontation mit dem Spiegelbild der eigenen Irrationalität den Verstand zu verlieren.«[2]

Eines Tages wird dieses System in sich zusammenbrechen, wenn wir uns zuvor nicht für einen weichen Richtungswechsel entschieden haben. Dann wird genau das Gegenteil von dem eintreffen, was wir uns von ihm erhofften, nämlich Chaos statt Sicherheit. Im Laufe der Menschheitsentwicklung hat sich dieser dem Leben abträgliche Prozess peu à peu zu so etwas wie einem Selbstläufer entwickelt, dem allein wir uns heute verpflichtet fühlen. Wir können das Leben aber nicht verstehen, indem wir es rational begrenzt sezieren, weil wir dadurch das große Ganze aus den Augen verlieren.

In seinem Buch *An den Grenzen des Wissens* kommt der amerikanische Wissenschaftsjournalist John Horgan im Gespräch mit dem dänischen Physiker Per Bak sehr präzise auf diesen Zustand der modernen Wissenschaft zu sprechen:

> »In dem Bemühen, mich von der Überlegenheit der Komplexitätsforschung über andere wissenschaftliche Ansätze zu überzeugen, spottete er über die Vorstellung, Elementarteilchenphysiker könnten das Geheimnis der Natur enthüllen, indem sie in immer elementarere Stufen des Mikrokos-

> mos vorstießen. ›Der Schlüssel zur Lösung liegt nicht darin, immer tiefer in das System einzudringen‹, beteuerte Bak …, ›sondern darin, die umgekehrte Richtung einzuschlagen.‹ Bak verkündet den Tod der Elementarteilchenphysik, die an ihrem eigenen Erfolg zugrunde gegangen sei. Die meisten Elementarteilchenphysiker ›glauben, sie betrieben noch immer wissenschaftliche Forschung, während sie in Wirklichkeit nur die Überreste nach der großen Party einsammeln‹.«[3]

Im alltäglichen Empfinden sind die Geburt und der Tod für uns die Grenzen der Wahrnehmung. Dabei erachten wir nur das als wahr, was einer linearen Logik folgt und in sich schlüssig scheint. Die Folgen liegen auf der Hand: Noch nie gab es so viele psychische Erkrankungen wie heute. Nehmen wir uns allerdings die Zeit, in Ruhe darüber nachzusinnen, und fühlen wir in uns hinein, kommt ein ganz anderes Bild zum Vorschein. Dann sehen wir unser metaphysisches Erbe, das im Kontrast zum alltäglichen Wahnsinn steht, und ahnen eine Welt hinter dem Horizont – jenseits aller noch so spezialisierten und akribisch ausgetüftelten naturwissenschaftlichen Erklärungsmodelle.

Natürlich hat ein an festen Regeln orientiertes Leben seine Vorteile, die uns helfen können, unseren Alltag zu bewältigen, worauf auch ich nicht verzichten will. Dies aber für das Maß aller Dinge zu halten wäre zu kurz gegriffen und lässt uns immer wieder schnell an unsere Grenzen stoßen.

Eine Erweiterung der Sichtweise um die Realitäten, die außerhalb unseres rational limitierten Weltbilds liegen, macht die Entwicklung eines natürlichen Bewusstseins möglich. So sind wir eher imstande, ein Verständnis für das Ganze zu entwickeln und damit auch ein Leben im Einklang mit dem Hier und Jetzt zu führen.

Nicht jedem Anfang wohnt ein Zauber inne

Eine Nahtoderfahrung ist ein sehr intimes und privates Erlebnis. Nachdem ich erkannt hatte, welche Erfahrung mir da zuteilgeworden war, überlegte ich mir gut, wem ich davon erzählte. Ich hatte nicht so sehr die Angst, ausgelacht oder für verrückt erklärt zu werden, doch wollte ich es mir auch nicht in Zweifel ziehen lassen. Und ich wollte mich dafür nicht rechtfertigen müssen. Bis dahin aber waren noch viele Jahre ins Land gezogen. Die Wende kam mit einer merkwürdigen Begegnung, die mein Leben von diesem Zeitpunkt an in andere Bahnen lenken sollte.

Kurz nach der Jahrtausendwende hielt ich vor einem Fachkollegium einen Vortrag über die psychologischen Prozesse in der homöopathischen Praxis. Als ich mein Referat beendet hatte, kam ein großgewachsener Mann auf mich zu und beglückwünschte mich zu meinen Ausführungen. Als junger Praktiker war ich geschmeichelt vom Lob eines erfahrenen Kollegen. Nach einem kurzen Plausch bat er mich, diesen Vortrag vor seinem Publikum in heimischer Kulisse noch einmal zu halten. Nach kurzem Zögern sagte ich dann doch zu, denn immerhin lag seine Praxis fünf Autostunden von meiner entfernt. Ein paar Wochen später machte ich mich auf den Weg in die Eifel, jenem deutschen Mittelgebirge an der belgischen und luxemburgischen Grenze. Ich hatte keine Ahnung, was mich dort erwarten würde; ich war sozusagen ins Blaue gefahren.

Nach langer Fahrt stand ich endlich vor seiner Tür und wurde von ihm selbst und seiner Frau aufs herzlichste begrüßt. Beim gemeinsamen Abendessen unterhielten wir uns angeregt, fachsimpelten und erzählten uns allerlei Anekdoten. Mir kam es vor, als kennten wir uns schon ein Leben lang.

Nach dem Essen öffnete seine Frau Gila eine Flasche Wein, und wir nahmen vor dem Kamin Platz. Ich ging davon aus, wir würden die Gespräche vom Abendessen fortsetzen, stopfte mir eine Pfeife und harrte der Dinge, die da wohl kommen mochten. Doch dann traute ich zunächst meinen Ohren nicht.

Dr. Eckehard Eibl fing an, von einer seiner Erfahrungen zu berichten. Da ich heute nicht mehr an Zufälle glaube, gehe ich von einer göttlichen Fügung aus, die uns zusammenbrachte. In jedem Fall war es für mich der Beginn eines neuen Lebens. Was ich nun hörte, kam mir dennoch auf merkwürdige Weise sehr bekannt vor:

»Spät am Abend war ich mit meinem Moped auf dem Weg zu meiner Mutter. Sie hatte mich im Institut angerufen und zum Essen eingeladen. Über den Kölner Militärring war es zwar etwas weiter, ging aber flotter. Als ich Fahrt aufnahm, näherten sich von hinten mit hoher Geschwindigkeit zwei Scheinwerfer und wurden immer größer, bis der Wagen schließlich mein Hinterrad touchierte und mich damit vom Moped stieß. Damals war es nicht üblich, einen Helm zu tragen, und ich schlug mit meinem Kopf ungeschützt auf den Asphalt.

Benommen konnte ich meinen Unfallgegner sehen, wie er anhielt, kurz aus seinem Wagen stieg, zu mir hinüberblickte und postwendend seinen Weg fortsetzte. Blut. Überall war Blut. Ich muss zum Fürchten ausgesehen haben. Dann kam ein zweites Fahrzeug, verringerte seine Geschwindigkeit, gab wieder Gas, um in der Dunkelheit zu verschwinden.

›Prima‹, dachte ich, ›der wird den Unfallflüchtigen sicher verfolgen und zur Rede stellen.‹

Nicht ganz Herr der Lage, richtete ich meinen geschundenen Körper langsam auf und torkelte so einem darauffolgenden Fahrzeug entgegen. Mit letzter Kraft signalisierte ich dem Fahrer, doch anzuhalten. Blutverschmiert stand ich mitten auf der Straße. Ich möchte mir gar nicht ausmalen, was ich damals für ein Bild abgab. Als der Wagen anhielt, schleppte ich mich auf allen vieren an den Straßenrand, hockte mich nieder, bis ich schließlich ohnmächtig wurde.

Da befand ich mich plötzlich in einer Position, von der aus ich mich selbst sehen konnte. Mittlerweile trafen eine Menge Schaulustige ein, sodass praktisch unter mir ein reges Treiben stattfand. Ich fand das toll! Mir ging es richtig gut. Ich hatte überhaupt keine Schmerzen. Warum das so war, habe ich mich gar nicht gefragt. Es ist so, wie es ist. Mein einziges Gefühl war Faszination angesichts der Bilder, die ich sah. Erst etwas später stellten sich wieder Gedanken ein, die mich fragen ließen, wo denn der Krankenwagen blieb. Diese Frage wurde mit dem Bild einer Gaststätte beantwortet, in der, heute weiß ich das, mein Notarzt saß, der gerade von seiner Assistentin über meinen Unfall benachrichtigt wurde.

›Jünni!‹, rief er. ›Ich muss weg! Schreib auf: zwei Kurze und zwei Lange!‹

Dann dachte ich an meine Mutter, die schließlich mit dem Essen auf mich wartete. Offensichtlich transportierten mich meine Gedanken direkt zu ihr. Darauf sah ich sie in ihrer Küche auf dem Stuhl meines Vaters.

Obwohl dies alles schon eine Ewigkeit her ist, kann ich mich noch gut daran erinnern. Ich verspürte keinerlei Emotionen. Meine Mutter saß dort, und ich hörte ihre Gedanken: Gerade hat sie Streit mit meinem Vater und überlegt, ihrer Freundin einen Brief zu schreiben, um ihr Herz auszuschütten. Weil sie an mich dachte, verwarf sie den Gedanken, den Brief an ihre Freundin zu schreiben.

Hin und wieder hielt sie inne und fragte sich, wo ich denn wohl bliebe.

Als Biologe waren diese Eindrücke für mich natürlich nicht erklärbar. Umso mehr wollte ich später wissen, ob sich wirklich alles so zugetragen hatte, wie ich es sah. Deshalb nahm ich nach meiner Genesung mit dem Notarzt Kontakt auf und bat ihn, die Situation aus seiner Perspektive noch einmal zu schildern. Seinen Kneipenbesuch verheimlichte er, wie sich herausstellte, aus gutem Grund. Um meine Erlebnisse aber beweisen zu können, musste ich sie ansprechen. Ihm war es sichtlich peinlich, dabei ertappt zu werden, während des Bereitschaftsdienstes getrunken zu haben. Und er bat mich, bitte niemandem von seinem Alkoholproblem zu erzählen. Auch der Name des Wirtes stimmte überein. Er hieß Günther, Jünni war rheinischer Dialekt.

Für mich gab es damals zwei Möglichkeiten: entweder ich halluzinierte, oder ich war wirklich irgendwie an diesen Orten, die ich in meinem ›bewusstlosen‹ Zustand wahrnahm. Schon die Geschichte des Notarztes konnte kein Zufall sein, Restzweifel blieben aber noch. Also machte ich mich auf den Weg zu meiner Mutter.

Auch diese Situation war relativ einfach zu überprüfen. Zunächst verneinte sie meine Bilder und Gedanken, die eigentlich ihre waren, bis sie noch einmal darüber nachdachte: ›Stimmt, ich hatte mit deinem Vater Streit. Ich wollte Luise schreiben und ihr davon erzählen. Normalerweise sitze ich um diese Uhrzeit jeden Abend vor dem Fernseher. Aber nicht an diesem, weil ich in der Küche dein Essen gekocht und mir nebenbei so meine Gedanken gemacht habe.‹

Meine Erlebnisse waren keine Halluzinationen. Ein Teil von mir war ganz real unterwegs zu meinem Notarzt, dann zu meiner Mutter. Allein mit der Kraft meiner Gedanken war das möglich. Ich dachte mir: ›Wie kann das sein?‹ Als Wissenschaftler war ich mit dieser Frage schier überfordert, denn natürlich machte ich mir unzählige Gedanken über Schockzustände und ihre neuropsychologischen und biochemischen Korrelate, vor allem dachte ich an kurzkettige Eiweißverbindungen.«

Im Verlauf seiner Erzählung wurde ich zunehmend nervöser. Bis dahin war mir meine eigene Todesnähe-Erfahrung gar nicht so bewusst. Vor allem mit seiner außerkörperlichen Reise weckte er in mir Erinnerungen an mein eigenes Erleben. Auch ich hatte mich außerhalb meines Körpers gesehen, dies aber nicht wirklich realisiert. Es passte damals einfach nicht in meine Vorstellungswelt. Von einer Nahtoderfahrung hatte ich bis dahin noch nie etwas gehört. Doch nach und nach verankerte sich diese Tatsache in meinem Bewusstsein, und ich versuchte, dem Phänomen auf die Spur zu kommen.

»Sagen Sie jetzt bitte nicht, ich sei verrückt!«

Weil ich keineswegs der Einzige war, der seine Nahtoderfahrung nicht verstand, gründete ich schließlich eine Gruppe, die es Nahtoderfahrenen ermöglichen sollte, sich auszutauschen. Nachdem die regionalen Zeitungen über diese Gründung berichtet hatten, bekam ich eine Unmenge von Briefen, E-Mails und anderer Post, und zwar von Absendern bis über die Landesgrenzen hinaus.

»Sagen Sie jetzt bitte nicht, ich sei verrückt!« So begannen viele zu erzählen. Offensichtlich befand ich mich auf dem richtigen Weg.

Dann traf sich die Nahtodgruppe zum ersten Mal, und die Anzahl der Teilnehmer übertraf meine Erwartungen bei Weitem. Ich hatte keinen wirklichen Plan, kein Programm und es einfach auf mich zukommen lassen. Schließlich war es nicht mein Abend, sondern der meiner Gäste.

Nachdem ich sie begrüßt hatte, schlug ich vor, dass wir uns einander vorstellten. Wer wollte, konnte seine Erwartungen und Wünsche formulieren und den Grund, warum er sich angesprochen fühlte. Einige kamen aus Trauer, andere mit Nahtoderfahrungen, wieder andere mit verwandten, ähnlichen Erlebnissen, und ein paar gingen ihrer Neugier nach. Von Anfang an verstand ich mich eher als Initiator und Moderator dieser Treffen, ohne Ambitionen, die ersten Veranstaltungen programmatisch vorzugeben.

Überrascht hat mich dabei immer wieder das allgemeine Interesse an Erfahrungen mit dem Leben hinter den Kulissen. Und unter den Teilnehmern war niemand, dem man eine nur oberflächliche, pseudointellektuelle oder -esoterische Haltung aus reinem Geltungsbedürfnis hätte nachsagen können.

Nahtoderfahrungen genießen, verglichen mit anderen Grenzerfahrungen, eine relativ hohe Akzeptanz. Dies ist nicht weiter verwunderlich, denn meist sind die medizinischen Begleitumstände nachvollziehbar, und es gibt heute viele Ärzte, die als Erste mit einem solchen Phänomen konfrontiert werden. Wenn es sich um eine eindeutige physiologische Gefahrensituation handelt und jemand diese überlebt, so ist der Rahmen fest umrissen: Der Patient erfährt während eines aus medizinischer Sicht bewusstlosen Zustands etwas aus einer anderen Welt. Der Körper funktioniert nicht mehr richtig, während das Bewusstsein dennoch auf Reisen geht. Dabei drängt sich unweigerlich die Frage nach der menschlichen Natur auf.

Viele Nahtoderfahrene begleite ich nun schon über mehrere Monate, teils Jahre. Dabei gewann ich einen tiefen Einblick in ihre Persönlichkeit und musste mich mit meinem Interesse nicht auf einzelne Interviews verlassen, die ja im Vergleich damit einen eher oberflächlichen Eindruck vermitteln.

Auffällig war immer wieder der starke Kontrast zwischen der offiziellen, akzeptierten, rationalistischen Auffassung und unseren ganz privaten Lebensvorstellungen, in denen es keine Grenzen zu geben scheint. Auch wenn wir es nicht gern zugeben, spüren wir den Einfluss des Jenseits auf unser Leben rein gefühlsmäßig, gleichwohl verdrängen wir den Tod aus unserem Alltagsbewusstsein. Es ist wie eine *Parallelwelt*, die wir nur hinter verschlossenen Türen zulassen.

Das Bewusstsein

Der Begriff »Bewusstsein« ist für unser Thema von zentraler Bedeutung. In vielerlei Hinsicht ist er Gegenstand wissenschaftlicher Auseinandersetzungen. Wir überlegen, was Bewusstsein ist, woher es kommt und wo wir es lokalisieren können. Manche Wissenschaftler bringen das Bewusstsein mit dem Gehirn in Verbindung. Denn nach ihrer Auffassung verlieren wir es, wenn keine nachweisbare zerebrale Funktion mehr vorhanden ist. Das Bewusstsein sei ein Produkt biochemischer Prozesse und sterbe mit unserem Körper. Eine Wahrnehmung sei nicht mehr möglich.

Andere sehen das vor allem in Zusammenhang mit Nahtoderfahrungen etwas differenzierter:

> »Für mich war plötzlich ein innerer Dialog da. Was ich erlebt habe, konnten keine kurzkettigen Eiweißverbindungen gewesen sein. Ich habe mir ja alle möglichen Gedanken gemacht … Da ist etwas abgelaufen, was offensichtlich etwas mit einem übergeordneten Großen zu tun hatte. Damit ist

auch das biologische System gemeint. Nämlich etwas, was unmittelbar mit dem Leben und dem Lebendigsein zu tun hat. Und dann natürlich auch mit dem Sterben. Dieser Dialog kam aber erst, als ich etwas darüber gelesen hatte und merkte, dass andere ähnliche Erfahrungen hatten.«

Für den Biologen Dr. Eckehard Eibl existiert das Bewusstsein unabhängig vom Gehirn und ist auch dann zur Wahrnehmung fähig, wenn der Körper schon für tot erklärt worden ist. Viele Menschen haben solche Erfahrungen gemacht. Dadurch wird deutlich, dass unser bewusstes Leben auch dann weitergeht. Deshalb kann aus wissenschaftlicher Sicht der Todeszeitpunkt eigentlich nicht exakt bestimmt werden. Hier zeigt sich der Unterschied zwischen einem rein materialistischen und einem geistigen Blickwinkel. Immerhin ist ein Leben nach dem Tod nicht nur möglich, sondern, den Erfahrungen nach zu urteilen, sogar höchst wahrscheinlich.

Allerdings sprechen Nahtoderfahrene nicht von einem »Todeserlebnis«, gleichwohl sie seitdem von einem Leben nach dem Tod überzeugt sind:

»Ich weiß genau, dass die Seele nach dem Tod weiterlebt.« (Arthur)

Beim Philosophen Alva Noë fand ich eine klare Beschreibung des Bewusstseins, die diesen Eindruck zu untermauern scheint:

»Mit dem Begriff ›Bewusstsein‹ meine ich …, ganz allgemein gesagt, ›Erfahrung‹. Und Erfahrung umfasst für mich im weiteren Sinne Denken, Fühlen und die Tatsache, dass sich uns die Welt in der Wahrnehmung zeigt.«[4]

Arthur stand als Lehrer kurz vor seiner Pensionierung, als er in seiner Schule plötzlich »bewusstlos« wurde. Im Krankenhaus machte er während dieses Zustands seine Jenseitserfahrung. Er sagt: »Wenn mir das vorher jemand erzählt hätte, hätte ich ihn wahrscheinlich für verrückt erklärt.«

Arthur war seiner Meinung nach ein sehr »sachbezogener« Mensch. Und er steht auch heute noch mit beiden Beinen im Leben. Seine Erfahrung in dem Zustand, der aus medizinischer Sicht als bewusstlos bezeichnet wird, ist eine der intensivsten, die mir je berichtet wurden. Zum einen beschreibt er seine Jenseitsreise mit all den Eindrücken von dieser anderen Welt, zum anderen erinnerte er sich währenddessen aber auch an Fragen, die er sich zuvor schon gestellt hatte. Als er dann am Ende seiner Reise vor einem Felsen stand und sich dort entschied, zu seiner Frau zurückzukehren, tat er dies mit der festen Absicht, sie nicht allein zurückzulassen:

»Neben mir lag ein schwerkranker Mann. Sein Zustand verschlechterte sich von Minute zu Minute. Die Chance, die nächsten zwei Tage zu überleben, stand bei fünfzig Prozent. Ständig war jemand bei ihm. All die Ärzte und

Schwestern um ihn herum waren sichtlich nervös. Dann sagte ein Arzt, man solle die Angehörigen verständigen, nicht dass sie dann aus allen Wolken fielen, wenn es zu Ende sei. Da wurde mir seine kritische Situation klar, und ich dachte für mich, wie gut es mir doch ginge, während der arme Kerl um sein Leben kämpfte.

Irgendwann wurde mir dann klar, dass ich selbst dieser arme Kerl war und mich außerhalb meines Körpers befand. Ich selbst war dieser schwerkranke Mann – und dennoch ging es mir gut.

Sogleich befand ich mich in einer Art Tunnel, an dessen Ende ich ein kleines, aber sehr helles Licht sah. Dieses Licht wurde immer größer und größer, heller und heller, bis ich schließlich ganz von ihm umhüllt war. In diesem Licht traf ich meine Mutter und ein Stück weiter meinen Vater. Dann verließ ich das Licht und kam zu einer Brücke. Das Licht war wunderschön, aber die Brücke war ungleich schöner.

Auf der Brücke bemerkte ich eine Stimme, die mich begleitete. Dieser Stimme konnte ich sogar Fragen stellen. Und ich erinnerte mich an eine Geschichte über ein französisches Dienstmädchen im 16. Jahrhundert, die in meiner Familie erzählt wurde. Diese Geschichte bekam durch einen Anruf meines Onkels aus Berlin einen aktuellen Bezug. Eines Tages meldete sich nämlich ein Mann aus Frankreich bei ihm, der auf der Suche nach seinen Ahnen war. Dabei sprach er von einem Ring, der in der Erzählung vom französischen Dienstmädchen ebenfalls vorkam. Auch weil das Mädchen Protestantin war und in jener Zeit verfolgt wurde, interessierte ich mich für den Protestantismus und den Katholizismus. Noch auf der Brücke nahm ich die Gelegenheit wahr, dazu die begleitende Stimme zu befragen.

Warum ich mich gerade jetzt an diese Geschichte erinnerte, kann ich heute nicht mehr sagen. Ich wundere mich nur über mein Interesse, da ich kein besonders religiöser Mensch bin, auch wenn mich gerade die religiöse Seite der Erzählung hin und wieder beschäftigte.

›Wer also hat nun recht?‹, fragte ich die Stimme: ›Die Protestanten oder die Katholiken?‹

Da nahm ich plötzlich ein hundertfaches, nein, tausendfaches Gelächter wahr, und die Stimme sprach zu mir: ›Es gibt keinen Unterschied. Es gibt noch nicht einmal Religionen. Damit kann auch keine die richtige sein!‹

Es ist alles menschengemacht. Natürlich war ich darüber nicht minder verblüfft und wollte mehr darüber wissen, doch leider bekam ich keine Antworten mehr.

Die Brücke, auf der ich mich befand, ist mir bis heute klar im Gedächtnis. Sie war leicht gewölbt und mit einem niedrigen Geländer, das aussah wie abgesägte Baumstämme aus Stein. Tief unten verlief ein reißender Bach, und dennoch war die Stimmung ruhig und friedlich.

Ich habe in meinem Leben wirklich viel Schönes erlebt, aber das war kein Vergleich zu dem, was ich dort erleben

> durfte. Ich bin den ganzen Weg über die Brücke gegangen, bis ich schließlich vor einem Felsen stand, in dessen Mitte sich ein Spalt befand. Eigentlich war ich schon im Begriff, durch diesen Spalt hindurchzugehen, als ich meine Frau ganz innig spürte. Ich dachte, ich kann jetzt nicht weitergehen. Ich muss zurück zu meiner Frau. Ich weiß es noch so genau, als wäre es gestern gewesen. Wenn ich nun durch diesen Spalt gehe, kann ich nicht mehr zurück. Als dieser Entschluss getroffen war, zerfiel die Szenerie wie ein Puzzle in viele kleine Teile.«

Arthur hielt einen Moment inne, bevor er langsam und leise fortfuhr:

> »Was mich heute noch sehr beschäftigt, ist das, was ich hinter diesem Felsspalt sah und vor sich ging. Dieser Spalt war eine Grenze. Ist man einmal hindurchgegangen, konnte man nicht mehr zurück. Ich sah ganz genau, was dahinter vor sich ging. Ich konnte es ganz deutlich sehen. Leider kann ich mich heute nicht mehr daran erinnern. Das beschäftigt mich immer und immer wieder. Ich weiß genau, dass die Seele nach dem Tod weiterlebt.«

Wieder machte Arthur eine kurze Pause, bis er erneut anhob. »Wissen Sie«, sprach er, »ich bin ein sehr sachbezogener Mensch. Der Tod hat mich nie zuvor beschäftigt. Ich hatte noch nicht einmal Angst vor ihm, so weit war er von mir entfernt. Wahrscheinlich hat mich dieses Erlebnis *deshalb* so sehr beeindruckt.«

Gedankenspiel: Das Jenseits ist unter uns

Stellen wir uns das Jenseits in unserer Fantasie der Bildhaftigkeit halber einmal in einem geografischen Verhältnis zum Diesseits vor:

> »Ich kann nicht sagen, in welcher Dimension ich mich befand. Das Jenseits ist unter uns.« (Arthur)

Malen Sie sich Folgendes aus: Ihr Leben ist eine Theaterbühne. Licht, Musik, Dekoration, für alles ist bestens gesorgt. Alles, was Sie dort wahrnehmen, ist Ihre Wirklichkeit, und die Kulisse bildet Ihre Grenze.

Glauben Sie an ein Leben nach dem Tod? Wenn ja, geht es nach der Vorstellung für Sie weiter, ebenso wie vorher hinter der Bühne schon reges Treiben geherrscht hat. Dabei handelt es sich um all diejenigen, die sich für Ihre Rolle zuständig und verantwortlich fühlen. Insgesamt bereichern Sie Ihr Leben auf den Brettern, die Ihre Welt bedeuten. Während Ihres Auftritts sorgen unsichtbare Kräfte für ein gutes Gelingen. Das Stück ist genau auf Sie zugeschnitten. Wie für Sie gemacht. Das Drehbuch hält zwar einen Rahmen bereit, lässt Ihnen aber genügend Spielraum für eigene Interpretationen.

Es will Ihnen nichts vorschreiben. Es sorgt dafür, dass Sie gut aussehen. Es sagt nicht: »Machen Sie genau dies, oder tun Sie das!« Das Drehbuch hilft Ihnen nur, sich zu verwirklichen. Solange Sie Ihre Aufgaben erledigen, haben Sie alle Freiheiten der Welt. Der Rest liegt an Ihnen.

Der Regisseur hat Ihnen die Rolle Ihres Lebens gegeben. Ihm liegt viel an Ihrem Erfolg. Natürlich kümmert er sich auch um Ihre Mitspieler. Jeder hat die Rolle, die er am besten ausfüllt und die ideal für seine Entfaltung ist. Der Regisseur ist weder für Ihre Gage noch für andere materielle Dinge zuständig. Für Sie ist er bereit, alles zu tun, auch hinter den Kulissen: »Ist dir klar, dass du nur im Team gewinnen kannst?«

Die Bühne ist Ihr Alltag. Hinter der Kulisse ist das Jenseits.

Wo genau er sich aufhielt, weiß Arthur allerdings bis heute nicht – als seine Seele den Tunnel passierte, er über eine Brücke ging bis hin zu dem Ort, an dem er sich zur Rückkehr entschied. Wie bei den meisten Nahtoderfahrenen ist dieses Erlebnis für ihn nicht in Worte zu fassen. Das Jenseits folgt anderen Gesetzen, kennt weder Raum noch Zeit:

> »Was ich auf jeden Fall gelernt habe, ist, dass es keine Zeit gibt!« (Maria)

Für alles, was wir im Diesseits erleben, lässt sich Raum und Zeit bestimmen. Um es immer besser zu begreifen, haben wir nach physikalischen Gesetzmäßigkeiten wie diesen gesucht. Im Jenseits herrschen andere »Gesetze«. Da wir die jenseitige Sprache mit unserem begrenzten Verstand allein nicht verstehen, haben wir es permanent mit Übersetzungsfehlern zu tun. Wir ringen nach Worten, die nicht annähernd das zum Ausdruck bringen können, was beispielsweise Nahtoderfahrene erlebt haben.

Diesseits und Jenseits sind zwei unterschiedliche Bewusstseinsebenen, die dennoch untrennbar miteinander verbunden sind und unterschiedlichen Gesetzmäßigkeiten folgen. Für »manifeste Ereignisse« im Alltag können wir physikalische Referenzwerte ermitteln. Dabei benötigen wir zum Beispiel die Angabe eines Ortes und die einer Zeit. Das Jenseits kennt weder den Raum, noch haben wir dort ein lineares Zeitsystem. Ist es deshalb weniger wahr?

Tod und Sterben

Wir schreiben das Jahr 1578. Der Rosshirte Chonrad Stoeckhlin und der Ochsenhirte Jacob Walch saßen ins Gespräch vertieft beieinander und philosophierten über das Leben und den Tod. Zur damaligen Zeit war das zwar kein unübliches Thema, aber man bewegte sich auf gefährlichem Terrain, wenn man die Umstände der weitgehend klerikalen Vorherrschaft bedenkt. Was dann geschah, lässt sich heute minuziös rekonstruieren, sieht man einmal von einigen ungeklärten

Details ab, die aber der Essenz dieses Gesprächs und der Bedeutung seiner Folgen keinen Abbruch tun.

Nach den Protokollen war es die Zeit eine Woche vor Fastnacht. Stoeckhlin und Walch vereinbarten etwas Ungeheuerliches. Dabei handelte es sich um einen sogenannten »Rückkehrvertrag«, der besagte, dass im Falle des Todes derjenige von den beiden, der als Erster stürbe, zurückzukehren verpflichtet wäre, um dem anderen von den Zuständen im Land der Toten zu berichten.

Eine Woche darauf starb Jacob Walch tatsächlich. Was sich dann ereignete, erhitzte die Gemüter und rief die Kirche auf den Plan, denn Walch hielt offensichtlich sein Versprechen. Zu diesem Zeitpunkt war Stoeckhlin »im Holz«. In einem Buch von Wolfgang Behringer heißt es:

> »Als er schier damitt ferttig worden, habe er sich umbgesehen, und dort am … [Ortsbezeichnung], Ungever einen buchsxenschuß weith [entfernt] etwas stehen sehen, Alß dass er vermeint, es sey der gedachte Walch. Nun habe er sich auffgehäbt und [sei] Ungever bei 2 Claffter Unerschrockhen und ohne alles grausen nahendt zu Ime gangen und [habe] gesagt: ›Jacob, bist du es?‹«[5]

Für Stoeckhlin war dieses Erlebnis das Tor in eine andere Welt und der Beginn eines neuen Lebens. Walch erschien ihm noch einige weitere Male und markierte so den Anfang vieler außergewöhnlicher Reisen in die »Anderswelt«. Diese

Erfahrungen bezahlte Stoeckhlin mit seinem Leben. Am 23. Januar 1587 wurde er »durch den berüchtigten Meister Hans von Biberach, einen auf Hexenverfolgung spezialisierten Scharfrichter, wegen Hexerei mit dem Feuer hingerichtet«. An anderer Stelle schreibt Behringer über diese Epoche von dem »Ende der Traumzeit«, beschlossen durch die Inquisition. Doch was man verbietet, geht – damals wie heute – in den Untergrund und wirkt unter der Oberfläche weiter.

Die religiösen Ansichten über den Tod sind ganz verschieden. Selbst innerhalb der Religionen herrscht darüber keine Eindeutigkeit. Wir alle wissen, dass wir einmal sterben müssen und danach dem Tod begegnen, er ist ein natürliches Stadium des Lebens. Nach den Überlieferungen vieler Völker betritt man in diesem Stadium ein anderes Land. Davon zeugen Bestattungsrituale und Abschiedszeremonien, denn sie sind Ausdruck des Glaubens an ein Leben nach dem Tod. Für viele Menschen ist der Tod ein großes Geheimnis. Dabei gab es an ein Leben »danach« nie Zweifel. Erst der materialistischen Weltanschauung zufolge zerfällt mit dem Körper auch der Geist.

Bei naturnahen Völkern und Menschen bestehen noch umfassende Ideen über die Reise und den Tod an sich. Häufig prägen sie sogar die sozialen Strukturen der Gesellschaft. Neben bedeutungsvollen Inhalten bestehen auch »vielschichtige Kartographien, die den Seelen auf ihrer posthumen Reise als Anleitung dienen sollen«.[6]

Das Ende eines Lebens ist nach unserer Auffassung in den westlichen Industrienationen spätestens dann eingetreten, wenn eine außenstehende Person den Betroffenen für tot erklärt hat. Dieser Zeitpunkt stimmt wie gesagt aber mit den Jenseitserlebnissen beispielsweise von Nahtoderfahrenen gar nicht überein. Dies sollte uns zu denken geben, ob auf diese Weise ein Sterben in Würde überhaupt möglich ist.

Des Weiteren ist der Tod in unseren Breitengraden ausschließlich mit negativen Assoziationen verbunden. Weshalb ruft der Tod so schlechte Gefühle hervor? Mögliche Gründe sind etwa die folgenden:

- Der Verlust eines Menschen hinterlässt in der Regel eine tiefe Lücke im Leben der Hinterbliebenen. Zum einen wird man an seine eigene Endlichkeit erinnert, zum anderen gerät das soziale Gefüge in Unordnung und wird dadurch zunächst instabil.
- Wenn man sich im Hier und Jetzt zu sehr mit Äußerlichkeiten identifiziert, fürchtet man sich auch davor, dies alles mit dem Tod zu verlieren und »niemand« mehr zu sein.
- Häufig fürchten wir uns vor Unbekanntem und Situationen, die wir nicht einschätzen können. Der Tod ist uns fremd.
- Viele Menschen haben aufgrund einer restriktiven religiösen Erziehung noch negative Vorstellungen von dem Jenseits internalisiert. Wir alle kennen die destruktiven Inter-

pretationen und Drohungen in Zusammenhang mit einem Jüngsten Gericht oder einem Fegefeuer.

Die meisten Nahtoderfahrenen hingegen haben keine Angst mehr vor dem Tod. Sie sind bereit zu sterben, wenn der Tag kommen wird. Sie wissen, was auf ihrer Reise geschehen wird, und leben deshalb auch gelassener. Vorausgesetzt, sie sind dazu in der Lage, ihre Jenseitserfahrung in das Alltagsleben zu integrieren:

> »Mein Leben ist zwar nicht einfacher, aber schöner!«
> (Veronika)

Manchmal stelle ich mir vor, wie anders auch die politische und wirtschaftliche Welt aussähe, wenn wir die Grenzen der menschlichen Inselerfahrung überschritten und unsere geistigen Ketten sprengten …

Doch sehen wir uns nun erst einmal die einzelnen Stationen der Reise etwas näher an.

Außerkörperliche Erfahrungen

Bleiben wir bei unserem Bild einer Reise, so beginnt sie mit der Erfahrung, dass sich die Seele vom Körper löst.

Außerkörperliche Erfahrungen, im Jargon kurz AKE, kommen auch unabhängig von Nahtoderfahrungen vor. Dabei löst sich die Seele vom Körper und »lebt« unversehrt weiter. Die Seele, unser Bewusstsein, ist also in der Lage, ohne unseren Körper reale Situationen aus dem diesseitigen Dasein wahrzunehmen. Wie bei Dr. Eibl, der sein Bewusstsein beziehungsweise seine »Aufenthaltsorte« durch seine Gedanken steuern konnte. Im Jenseits herrschen andere Gesetzmäßigkeiten. Er dachte an den Notarzt und sah und hörte ihn dabei. Dann dachte er an seine Mutter, dabei sah er sie in ihrer Küche.

Außerkörperliche Erfahrungen sind Beispiele für ein *nicht lokales Bewusstsein*. Es ist nicht an unseren Körper gebunden, also unabhängig von unserem Gehirn:

> »Ich saß während meiner Herzoperation auf einer Bank vor dem Krankenhaus. Die Leute, die vorbeikamen, waren sehr unfreundlich. Obwohl ich freundlich grüßte, nahmen sie keinerlei Notiz von mir. Ich fing schon an ärgerlich zu werden. Dann hörte dieser Zustand wieder auf. Danach habe ich keine Erinnerung mehr.« (Norbert)

Manchmal frage ich mich, weshalb diesem Kuriosum der außerkörperlichen Erfahrung so wenig Aufmerksamkeit geschenkt wird. Vielleicht liegt das Problem generell in unserem Bedürfnis, auch die unbekannte Welt reglementieren zu wollen, was bedeutet, dass es etwas nicht geben kann, was sich unserer materialistischen Vorstellungswelt verweigert. Immerhin scheint schon allein diese Möglichkeit die Grenzen der Realität zu sprengen.

Melanie war achtzehn Jahre alt, als sie sich das Leben nehmen wollte. Sie schluckte eine Überdosis Schlaftabletten und lief von ihrer Wohnung auf die Straße. Dann wurde ihr schwarz vor Augen, und sie brach zusammen. Sie erzählt:

»Dann wachte ich auf eine merkwürdige Art wieder auf. Von schräg oben sah ich mich auf der Straße liegen. Viele Leute standen um mich herum, und es war offensichtlich ein Arzt, der mein Leben retten wollte. Dann habe ich mich nach oben, zur Seite hin von der Situation entfernt.

Ich habe alles ganz deutlich gesehen und mir eigentlich gar nichts dabei gedacht. Nur dass *ich* das sein musste, der da unten liegt. Dies habe ich völlig emotionslos festgestellt. Ich entfernte mich immer weiter von der Szenerie am Boden. Mir kam alles so normal vor. Im Nachhinein fand ich das schon ein wenig komisch. Es ging immer weiter und weiter, bis ich die Erde von ganz oben sah. Ich spürte, wie ich mich immer noch weiter entfernte, bis ich irgendwann nichts mehr sehen konnte.

Irgendwie hatte ich das Gefühl, am Rande des Weltalls zu sein. Es war, als ob ich das Allergrößte und gleichzeitig das Allerkleinste erfuhr. Denn dann kehrte ich um und flog in die Erde, in das kleinste Teil hinein. Dies konnte ich spüren und auch hören. Alles war relativ ruhig und in diesem Augenblick für mich mehr als normal. Dabei hatte ich das Gefühl von Geborgenheit, mir kann nichts passieren. Genau dieses Gefühl ist mir geblieben.«

Wie genau der Austritt aus dem Körper stattfindet, wird in den seltensten Fällen explizit geschildert. Manchmal vernehmen die Betreffenden ein Rauschen oder ein »elektrisierendes Gefühl«. Maria, von der wir später noch hören werden, spürte einen Sog und wie sie ihren Körper durch den Kopf verließ. Meistens weiß man jedoch nicht, wie dies geschieht oder wodurch es ausgelöst wird.

Zu Beginn der Reise, wenn die Seele den Körper verlässt, besteht zumindest noch ein einseitiger Kontakt zum Diesseits. Der Sterbende kann alles in seinem Umfeld sehen und gelegentlich auch hören, was gesprochen wird. Aber er hat keinen Einfluss auf das Geschehen mehr. Die Reise nimmt ihren Anfang. Mir war damals nicht klar, was geschah.

Eine Woche vor meinem Unfall hatte ich die Szene, die noch auf mich zukommen sollte, schon einmal vor Augen. Ich sah, wie sich mein Wagen überschlug. Diese Schau war für mich sehr real. Trotzdem legte ich sie in meinem Bewusstsein sozusagen auf die Seite. Schon deshalb, weil ich damit gar nichts anzufangen wusste.

Ich habe lediglich einem Menschen etwas davon erzählt, und das auch nur mehr nebenbei. Als ich dann im Krankenhaus lag, besuchte er mich. Und ich sagte: »Siehst du! Ich hab's dir doch gesagt!«

Wie er mir später erzählte, war ebendies der Grund dafür, weshalb er den Kontakt zu mir danach erst einmal abgebrochen hatte. Er fürchtete sich vor mir oder zumindest vor dem, was ich sah. Kann es sein, dass ich auch da schon meinen Körper verlassen hatte, durch Raum und Zeit ging und schon einmal dort war, wo ich später den Unfall haben sollte? Ich weiß es nicht! Und doch wäre es für mich eine plausible Erklärung. Die Möglichkeit einer sich selbst erfüllenden Prophezeiung schließe ich aus einem bestimmten Grund aus: Der Unfall geschah an einem Ort, an dem ich vorher noch nie gewesen bin.

Der Physikprofessor Amit Goswami schrieb in Hinblick auf solche Phänomene:

> »Der Versuch, ein Phänomen, das man nicht versteht, damit zu entkräften, dass man es als Halluzination erklärt, um nicht zu sagen, abstempelt, wird unerheblich, wenn sich eine kohärente wissenschaftliche Theorie anwenden lässt. Eine solche Theorie kann sich auf die Quantenmechanik stützen, die entscheidende Argumente für die Nichtlokalität des Bewusstseins liefert und das Dogma der Lokalität als universales, einschränkendes Prinzip vom Empirischen her anfechtbar macht.«[7]

Wenn unser Bewusstsein grenzenlos und damit nicht an unseren Körper gebunden ist, müssen wir einfach davon ausgehen, dass wir nicht unser Körper sind.

Immer wieder suchte ich nach Möglichkeiten, mir die Elemente von Nahtoderfahrungen zu erklären. Vor dem Hintergrund meiner außerkörperlichen Erfahrung beschäftigte ich mich schließlich auch mit Klarträumen und dem, was wir als »Astralreisen« bezeichnen. Eines Tages stieß ich auf den Schweizer Naturwissenschaftler Dr. Ernst R. Waelti:

> »Was braucht es denn, um ein außerkörperliches Erlebnis herbeizuführen? Sicher müssen wir bereit sein, eine neue Grundlage für unser Leben aufzubauen, das in uns verborgene Potenzial zu aktivieren und auch einzusetzen. Natürlich braucht es auch die Willenskraft in dem Sinne, dass wir gewillt sein müssen, die nötigen Eigenschaften geduldig in uns zu entwickeln und manchmal etwas zu wagen. Es geht ja hier nicht einfach darum, eine Fähigkeit wie Radfahren oder Schwimmen zu erlernen, sondern der Mensch erlebt sich einmal außerhalb seines fleischlichen Vehikels, mit dem er täglich so innig verbunden ist und mit dem die meisten Menschen ihr Ich identifizieren.«[8]

Waeltis Erlebnisse und Erfahrungen, einen seelischen Austritt aus dem materiellen Körper herbeizuführen, waren keine passiven Ereignisse. Anders als bei Nahtoderfahrungen, bei denen das unvorhergesehen geschieht, führte er sie ganz bewusst und entschlossen herbei. So ging es bei Waelti weiter:

> »Wie mein Blick in die Weite geht und über die Lieblichkeit und den Ernst der Landschaft streift, fließt ein Licht in mich hinein. Aus einem aufgebrochenen inneren Zentrum ergießt es sich als ein flüssiger Strom von Freude: greifba-

re, substanzielle Freude, ekstatische Licht-Freude. Es ist keine Freude an oder über etwas, sondern eine Urfreude des Seins. Sie löst alle Sorgen und Leiden des irdischen Daseins, brennt alle Wünsche und Gegensätze in mir aus.«

Der Körperkult unserer Tage ist Ausdruck für unseren Umgang mit Spiritualität und Mystik. Er orientiert sich vor allem an den egoistischen Idealen von Macht und Konkurrenz und resultiert aus einer tiefen Angst. Wir rechtfertigen dies mit unserem evolutionären Erbe und halten es deshalb für normal. Als ob wir uns nicht weiterentwickelten und als ob unser Bewusstsein für alle Zeiten stagniere. Ganze Industriezweige profitieren von diesem Kult, und wir scheinen vergessen zu haben, wer wir sind, nämlich Wesen nicht nur von dieser Welt, wie es schon in der Bibel heißt:

»Gesät wird ein irdischer Leib, auferweckt ein überirdischer Leib. Wenn es einen irdischen Leib gibt, gibt es auch einen überirdischen. So steht es auch in der Schrift: Adam, der erste Mensch, wurde ein irdisches Lebewesen.«[9]

Wenn wir unsere wahre Natur akzeptieren könnten, würde es die Welt des logischen Denkens revolutionieren:

»Wenn je nach westlichem Standard bewiesen werden kann, dass der Geist sich in der äußeren Umgebung bewegen kann, dann würde das zweifellos die gegenwärtigen

Realitätsmodelle in ihren Grundfesten erschüttern. Die gesamte derzeitige westliche Vorstellung vom Bewusstsein müsste überdacht werden und damit das gesamte philosophische Fundament unserer Kultur. Daher wird man sich mit Händen und Füßen gegen die Vorstellung von einem wirklich außerkörperlichen Bewusstsein wehren.«[10]

Der Tunnel: Das Tor zur Anderswelt

Während bei der Phase des Austritts der Seele aus dem Körper noch ein bestimmter physiologischer Kontakt zum irdischen Leben besteht und wir sehen und hören können, was geschieht und was gesprochen wird, passieren wir danach eine Art Tunnel, wonach der Kontakt zum Diesseits abbricht.

Zu allen Zeiten und in allen Kulturen gab es Menschen, die Zugang zu einer anderen Welt hatten. Sie hatten durch ihr Wissen die Fähigkeit, bewusst und willentlich im Jenseits zu reisen:

> »Die einheitliche Welt der Primitiven teilte sich also allmählich in zwei Bereiche: in die des befriedeten Kulturlandes einerseits und in die der Wildnis da draußen hinter der Hecke andererseits, zwischen den zahmen Nutztieren und den gefährlichen wilden Tieren, zwischen freundlichen

Haus- und Hofgeistern und jenen Waldgeistern, vor denen man sich in Acht nehmen muss.«[11]

Deshalb wurde die Hecke um die Siedlungen nicht nur eine bauliche Begrenzung, sondern auch eine geistige Umfriedung, um sich vor den Wirkungen unbekannter Einflüsse zu schützen. Dies alles geschah erst zu der Zeit, als die Menschen ihr Hab und Gut bedroht sahen und damit ihren von der Natur unabhängigen Reigen initiierten. Dies gilt für uns bis heute und hat sich unverhältnismäßig zugespitzt. So weit, dass wir die Grenzen dieses Systems täglich am eigenen Leib erleben. Der gesamte zivilisierte Kulturkreis ist mittlerweile eine Landschaft, die sich von der Natur über alle Maßen bedroht fühlt.

Vor allem in vorchristlicher Zeit und auch heute noch bei nichtzivilisierten Völkern wurden Kinder in diese Wildnis jenseits der Umzäunung des Lebens geführt, sodass sie erst dann als »wirkliche Menschen« galten, nachdem sie durch einen geistigen Tod in der Lage waren, mit der Natur ihren Frieden zu schließen.

Für Nahtoderfahrene ist das Tunnelerlebnis solch ein Übergang in eine fremde, aber dennoch natürliche, vertraute Welt.

Im Erleben von Nahtoderfahrungen gibt es zwar keine allgemeingültige Reihenfolge der einzelnen Erfahrungen. Ich halte mich bei den von mir geschilderten Stationen aber an die Erlebnisse, die von den meisten Berichtenden wahrgenommen wurden. Damit stellt der Tunnel den Eintritt in die andere Welt dar.

Der Tunnel, ein dunkler Raum oder ein Gang, an dessen Ende sich ein Licht befindet, markiert so gesehen den eigentlichen Beginn der Reise, während die außerkörperliche Erfahrung eher als Seelen*austritt* und sozusagen als Vorbereitung zu sehen ist:

> »Wie ich später erfahren habe, hatte ich ein Herz- und Kreislaufversagen. Ich fühlte mich leicht, unbeschwert und völlig schmerzfrei. Das habe ich deshalb gleich bemerkt, weil ich direkt nach meinem Unfall wahnsinnige Schmerzen gehabt hatte.
>
> Dann sah ich alle Farben. Farben, die ich nicht hätte benennen können, weil ich sie nicht kannte. Dann rutschte ich durch eine Art Tunnel. Und am Ende war ein ganz helles Licht. Dagegen ist das Sonnenlicht ein Schatten. Diesem Licht rutschte ich entgegen. Weiter hat eine mir völlig unbekannte Stimme zweimal gerufen: ›Komm, komm!‹ Und ich habe mich nur sagen hören: ›Ich kann nicht, meine Kinder. Meine Kinder brauchen mich!‹
>
> In diesem Moment klatschte mir der Notarzt ins Gesicht und sagte: ›Nun haben wir sie wieder!‹« (Veronika)

Am ersten Abend der Gruppe saß Veronika völlig verschnupft mitten unter den Gästen. Bis zu diesem Tag hatte sie noch niemandem von ihrem Erlebnis erzählt, nicht einmal ihrer Familie. An ein Gefühl, außerhalb ihres Körpers zu sein, erinnerte sie sich nicht. Sie sah Farben, die sie bis dahin nicht kannte und für die sie bis heute keine Begriffe findet. Der Tunnel kam ihr vor wie eine Wasserrutsche in einem Erlebnisbad. Auch hier erkennen wir wieder die Art und Weise, wie jenseitige Erlebnisse mit hiesigen Begriffen symbolhaft reduziert werden, weil sie ansonsten überhaupt nicht beschreibbar sind. Veronika rutschte durch einen Tunnel, andere dagegen fühlen so etwas wie einen Sog.

Janine war hochschwanger gewesen. In der Mitte des Jahres 2004, etwa vierzehn Tage vor dem errechneten Geburtstermin, bekam sie heftigste Blutungen. Bei diesem Ereignis verlor sie ihr Kind:

> »Das Blut floss nur so aus mir heraus! Ich hatte eine riesige Todesangst. Mir war klar, dass ich sterben würde, wenn jetzt niemand käme und mir hilft. Ich hatte panische Angst und war völlig fassungslos. Den Menschen, die dann dazukamen, stand das pure Entsetzen im Gesicht.«

Den Übergang empfand sie so: »Es war kein Druck, sondern ein Sog. Ich wurde wie von vorn durchgezogen. Ich wollte da einfach hin.« Janine wollte durch diesen Tunnel und hatte im Jenseits schon ein anderes Empfinden für ihr Leben entwickelt. Es ist kaum vorstellbar, dass aus ihrem Diesseitsempfinden heraus ein Bedürfnis entstünde, auf solche Weise ins Jenseits einzutreten. Sie bildete sich während ihrer Reise einen entsprechend anderen Erfahrungshintergrund. Irgendwie wird man zu einem anderen Menschen, mit anderen Gefühlen und einem anderen Denken. Das Bewusstsein wird nicht mehr durch den Alltag bestimmt; und die Ängste, die den Menschen im Diesseits antreiben, sind dann nicht mehr vorhanden. Die Wahrnehmung verändert sich.

Doch der Tunnel ist erst der Anfang. Auch er kann noch mit ängstlichen Gefühlen verbunden werden, wenn das Unterbewusstsein noch aktiv ist und das Ereignis unvorbereitet stattfindet. Diese Vermischung verändert sich aber im Lauf der Reise:

> »… es war kein Gefühl des Aufgebens, eher dass ich mich dem überlasse, was da kommen mag. Und in diesem Moment ging die Erfahrung los. Ich hatte das Gefühl, als ob sich mein ganzes Sein wie ein einziger Rutsch in die unendliche Weite ausdehnt. Wie ein Hinausdehnen. Ich sah das ganze Blut, das ganze Tohuwabohu, die Sanitäter, alle, die da herumstanden mit Entsetzen in den Augen. Sie alle hatten ziemlich Angst, dass ich sterbe: Ich wusste nicht, dass mein Kind da schon gestorben war. Es war irgendwie das Gefühl, ich sehe es, auch meinen Körper, aber irgendwie habe ich damit auch nichts zu tun.
>
> Und dann war alles gleichzeitig. Es gab einen Sog, ein Gezogensein. Vielleicht sind das auch die falschen Worte. Es hatte etwas mit Überlassen zu tun. Das hat mich so mitgenommen. Für mich war das kein Tunnel, sondern eher

wie etwas Organisches: Rot, Gold, Orange. Aber etwas, was sich auch bewegt hat. Vielleicht wie ein Strudel.

Am Ende war Licht. Ich kann gar nicht sagen, dass es schnell ging. Das war alles so interessant, weil ich zuvor meinen Körper gesehen hatte, und als ich mich in dieser Erfahrung befand, war das alles weg. Dieses Licht kam immer näher, und ich hatte das Gefühl, mit diesem Licht komplett zu verschmelzen. So in dieses Licht hineinzuschmelzen.«

Während der außerkörperlichen Erfahrung können wir zum Diesseits noch einen visuellen Kontakt haben und das Gefühl, inmitten des Alltags zu sein. Im Tunnel können noch Emotionen aus dem erlebten Diesseits eine Rolle spielen. Doch haben wir schon einen Punkt erreicht, an dem die Reise ihren Lauf genommen hat. Die erste Hürde ist genommen. Haben wir den Tunnel passiert, können wir zwar noch Erinnerungen haben, aber das Diesseits nicht mehr sehen. Auch haben wir keine Ängste mehr. Der Kontakt wird durch Erinnerungen gehalten, wie wir es bei Arthur kennengelernt haben, der an seine Frau dachte.

Das Licht am Ende des Tunnels

Mein Lichterlebnis hatte ich schon vor meinem Unfall, und ich weiß bis heute nicht, wie all meine Erfahrungen zusammenhängen. Vielleicht war dieses Durcheinander einer der Gründe, weshalb ich nicht auf die Idee kam, eine Nahtoderfahrung erlebt zu haben. Zunächst sah ich eine Woche zuvor diesen Unfall, der sich später bis ins Detail genau wie vorhergesehen ereignete. Um mich herum wurde es dunkel, dann gleißend hell. Als ich wieder zu mir kam, war es schon zu spät. Während der Operation hatte ich dann meine außerkörperliche Erfahrung. Das alles kam mir nicht als etwas »Übernatürliches« in den Sinn. Trotzdem hatte ich Nachwehen, die mich schließlich dorthin führten, wo ich heute bin.

Ich kann mich auch an ein Licht erinnern, das ich während meiner außerkörperlichen Erfahrung sah. Für mich war dies damals in meiner materialistisch orientierten Erklärung unzweifelhaft die Lampe über dem Operationstisch.

Häufig wird am Ende eines Tunnels, eines Gangs oder einer Röhre ein zunächst kleines Licht gesehen. Wie bei Arthur kann es größer und größer werden, heller und heller, je weiter wir gehen. Arthur war schließlich ganz von diesem Licht umhüllt. Janine hatte das Gefühl, sich mit dem Licht zu vereinen, regelrecht mit ihm zu verschmelzen. Die Gefühle während eines Lichterlebnisses sind schon nicht mehr »von dieser Welt«, sondern werden häufig als nie gekannter Frieden und Liebe empfunden. Manche erkennen in diesem

Licht einen göttlichen Schimmer, fühlen sich geborgen und zu Hause, je nachdem, welchen Erfahrungshintergrund sie aus dem Diesseits hatten.

Abhängig vom Erfahrungshintergrund und Weltbild werden Nahtoderfahrungen auf dem gesamten Globus unterschiedlich interpretiert. Für die Recherchen dieses Buches traf ich den Heiler und Schamanen Anaangaq. Er ist einer der Ältesten bei den Eskimo-Kalaallit. Eigentlich wollte ich ihn nach seiner Vorstellung des Bewusstseins und der Räume befragen, durch die Schamanen reisen, wenn sie Kontakt zur anderen Welt aufnehmen. Ich war ziemlich überrascht, als er mir von seiner Nahtoderfahrung erzählte, die er als Kind während schwerer Krankheit hatte. Anaangaq sah zwei Lichtkugeln, von denen die eine größer als die andere war. Kontakt durfte er nur mit der kleineren von beiden haben. An ihr musste er vorbei, wenn er sich auch mit der größeren Lichtkugel unterhalten wollte, was ihm aber nicht gelang.

Wie auch der Tunnel wird das Licht immer anders erlebt. Was häufig vorkommt, ist das Empfinden, dass es heller ist als die Sonne, aber dennoch nicht blendet. Es kann eine Kugel sein, allumfassend, und in uns hineinströmen. Für mich ist es auch in religiöser Hinsicht bezeichnend, dass es in Verbindung mit Liebe und Frieden erlebt wird.

Liebe und Friede

Folgen wir den Berichten, ist es im Jenseits um ein Vielfaches friedlicher und liebevoller als im Diesseits. Niemand, dem ich begegnet bin, fand für diesen Frieden und für diese Liebe die angemessenen Worte. Für alle waren diese Gefühle unvergleichlich. Im Alltag sind wir viel zu sehr damit beschäftigt, ein Teil der leistungsorientierten Gesellschaft zu sein, und vergessen dabei all die Schönheit, die uns natürlicherweise umgibt. Dann verdrängen wir unsere eigentliche Natur und vor allem die vielen Möglichkeiten, unseren eigenen Frieden zu finden und Liebe zu leben.

Im Diesseits erliegen wir vielen Verwechslungen und Trugschlüssen. Im Jenseits sind die Gefühle rein, teils überwältigend und unverwechselbar. Sie bleiben auch noch lange danach unvergesslich. Wer einmal einen solchen Frieden erfahren und eine solche Liebe gespürt hat, wird sie sein Lebtag nicht vergessen. So behält man diese Gefühle in seinem Herzen und kann sogar in schwierigen Situationen darauf zurückgreifen:

> »Wenn ich wichtige Entscheidungen treffen muss, gehe ich zurück in das friedliche und liebevolle Gefühl, das ich während meiner Nahtoderfahrung empfand. Vor einiger Zeit musste ich mich zwischen zwei Arbeitsstellen entscheiden. Dafür ging ich zurück in meine Nahtoderfahrung und ließ die Situation auf mich wirken. Am Ende hatte ich

es klar vor Augen und bin bis heute glücklich mit meiner Wahl.« (Melanie)

Hildegard von Bingen sah häufig in ihrem Leben einen »überhellen Glanz«, und viele andere Mystiker berichten von einem hellen Licht während der Kontemplation und Meditation, was je nach Kultur und religiöser Intention formell unterschiedlich interpretiert wird. Im Jenseits gibt es aber keine Religion und kein Dogma. Dort erleben wir Qualitäten, die nur im Diesseits entsprechend geordnet werden.

Das Licht kann man nicht nur sehen, sondern auch spüren. Es heißt uns in der neuen Welt willkommen und empfängt uns mit Liebe und Frieden. In vielen religiösen Traditionen steht es für das Leben selbst.

Licht, Frieden und Liebe bilden bei Nahtoderfahrungen oft eine emotionale Einheit. Die Reisenden fühlen sich von diesem visuellen Gefühl magisch angezogen.

Viele finden auch noch lange nach dieser Erfahrung in jenem Gefühl ihre Heimat. Zum hiesigen Leben steht es dabei in einem starken Kontrast. Anders als in der Welt, in der wir leben, machen das Licht und die damit verbundenen Emotionen zwischen Menschen keinen Unterschied und stellen auch keine Bedingungen.

Jeder Mensch auf dieser Erde könnte von dem, was vorhanden ist, satt werden, und doch hungern nach Angaben der Welthungerhilfe mehr als 900 Millionen Menschen weltweit. Während der Großteil der Bevölkerung immer weniger

Geld hat, besitzt ein relativ geringer Teil davon immer mehr. Wie soll das ohne den zerstörerischen Einfluss von Egoismus, Macht und Konkurrenz möglich oder nötig sein?

Licht und Frieden hingegen werden erlebt, wenn wir die äußeren Sinne konzentrieren und unser Leben nach innen richten. Der aktive Weg zu dieser Qualität wird von den mystischen Wegen der unterschiedlichen Religionen beschrieben. Damit werden sie zu Erklärungsmodellen archaischer Erlebniswelten, die versuchen, das Unerklärbare zu beschreiben.

Die Begegnung mit Verstorbenen

Sehen wir einmal von den außerkörperlichen Erfahrungen ab, scheinen die bisherigen Stationen auf unserer Reise ins Jenseits doch eher exklusiv für eine Nahtoderfahrung zuzutreffen. Nun kommen wir zu einem weiteren sehr spannenden Aspekt: der Begegnung mit Verstorbenen, die viele Menschen auch bewusst herbeizuführen suchen.

In spirituellen Kreisen diskutiert man gern über die Art des Nachlebens. Und tatsächlich scheiden sich hier im wahrsten Sinn des Worts die Geister. Was also sollen wir nun mit der Tatsache anfangen, wenn Nahtoderfahrene Begegnungen mit Verstorbenen haben, sie entweder bildlich erkennen, hören oder fühlen? Sprechen wir bei Phänomenen dieser Art nicht von einem Leben nach dem Tod?

Im Jenseits kommen die Sinnesleistungen manchmal gehörig durcheinander. Wieder zurück, sprechen wir vom Sehen, wenn wir jemanden gefühlt, oder vom Fühlen, wenn wir in Wirklichkeit jemanden gesehen haben. Der Kontakt an sich soll nicht bestritten werden. Wie wir noch sehen werden, sind die Möglichkeiten der menschlichen Erlebniswelt aber enorm. Dabei kann auch alles simultan geschehen, je nachdem, wo wir uns in welchem Zustand aufhalten. Was am Ende für wirklich erachtet wird, ist zunächst einmal offen.

Das Phänomen paranormaler Begegnungen kommt vergleichsweise häufig vor. Wir können bekannten oder unbekannten Menschen und anderen Wesen begegnen. Sämtliche Kontakte dieser Art wurden mir bisher als angenehm dargestellt. Selbst wenn jemand nicht erkannt wurde, spürte er weder Angst noch Misstrauen. (Bei dieser Einschätzung verlasse ich mich auf die Berichte, die mir persönlich mitgeteilt wurden.)

Dieses Element der Nahtoderfahrung kann wie jedes andere auch dann vorkommen, wenn man sich in keiner körperlichen Grenzsituation befindet, und es gab auch einmal den Trend, Verstorbene zu einem Gespräch einzuladen. Der bewusste und initiierte Kontakt mit Geistern, wie man die Verstorbenen aus der anderen Welt landläufig nennt, ist das wesentliche Merkmal des Spiritismus. In diesem Rahmen ist dann auch von Materialisationen, Spuk, Klopfgeistern oder schädlichen Geistern die Rede. Im Kapitel über »Spiritualität und Mystik« werde ich noch näher darauf eingehen.

Linda hatte während einer schweren Erkrankung ein Nahtoderlebnis. Zuerst traf sie ihre Großmutter, die sie an die Hand nahm, als dann ein helles Licht erschien. Als sie wieder erwachte, machte sie sich sehr große Sorgen um ihre psychische Gesundheit. Offensichtlich hat sich für sie eine andere Welt geöffnet, denn danach wurde sie in aller Regelmäßigkeit von »armen Seelen« besucht. Diese baten sie, ihnen zu helfen, falls es noch ungelöste Konflikte in deren Familien gab, oder einfach, den Hinterbliebenen noch etwas Bestimmtes mitzuteilen. Irgendwann besuchte sie den Priester an ihrem Wohnort und bat ihn um ein Gespräch:

> »Ganz interessiert folgt er meinen Geschichten und verglich sie mit Erzählungen aus der Bibel. Er sagte: ›Es ist für Sie eine Berufung, anderen Menschen zu helfen. Für andere auf diese Weise da sein zu können, ist etwas ganz Besonderes.‹«[12]

Nachdem Linda von meiner Nahtodgruppe aus der Zeitung erfahren hatte, rief sie mich eines Tages an. Erst ein halbes Jahr später fand sie Zeit für ein Treffen. Ich nahm sie als überaus bodenständige Frau wahr, die ganz klar zu wissen schien, was sie wollte. In ihrer Erzählung war nichts von Spuk oder Hokuspokus auszumachen. So verhielt es sich auch mit anderen Menschen, die Ähnliches erlebt hatten.

Begegnungen mit dem Jenseits, besonders mit jenseitigen Menschen und Wesen, werden ganz unterschiedlich aufgefasst.

Auch in der mittlerweile industrialisierten Welt gehörten Jenseitskontakte einmal zum Alltag, und die Grenze zum Diesseits war mehr als durchlässig. Heute können wir dies noch an verschiedenen Bräuchen sehen, die zum Teil nicht mehr das ursprüngliche Gesicht haben. Dabei weiß ich, dass Kontakte mit Verstorbenen auch in unseren Tagen noch häufig vorkommen, nur dass wir uns scheuen, darüber zu sprechen.

Besonders nachdem sich die Tür zum Jenseits einmal geöffnet hat, finden vermehrt Nachtodkontakte statt, in welcher Form auch immer. Wenn die eigentliche Erfahrung noch nicht ganz verdaut ist, kann dies zu gehörigen Problemen führen. Bei Nachtodkontakten entsteht zwischen der jenseitigen und der diesseitigen Welt eine Brücke, auf der sich die Bewohner beider Welten treffen. Für uns hier sind solche Begegnungen meist unerwartet, spontan und beängstigend. Nach Nahtoderfahrungen kommen sie statistisch gesehen häufiger vor oder sind zumindest entsprechend eindrücklich dokumentiert. Auch wenn wir bereits im Jenseits Verstorbenen begegnet sind, einem Ort, bei dem ein solches Aufeinandertreffen nicht hinterfragt wird, so sind sie aus irdischer Sicht immer noch ungewöhnlich, weil die Grenzen der Wahrnehmung enger gesteckt sind.

Das Jüngste Gericht

»Gott ist kein Buchhalter!«
Paul Meek

Neben dem Fegefeuer ist das Jüngste Gericht im christlichen Kontext sicherlich die Station, vor der man sich am meisten fürchtet. Schließlich soll dort über den weiteren Verbleib im Jenseits entschieden werden. Außerdem sollen wir uns im Leben so verhalten, dass uns dort nichts Schlimmes blüht. Gemeinhin gehen die in diesem Sinne Gläubigen von einem wahrhaften Gericht aus, vor dem sie sich verantworten müssen. Tatsächlich hat nach allen Berichten, die ich sammeln konnte, aber noch niemand vor einem solchen Gericht gestanden, sondern wurde mit seinem eigenen Gewissen konfrontiert, allerdings ohne dass sein Verhalten irgendeiner Wertung unterzogen wurde.

Wenn das eigene bisherige Leben sich wie ein Film vor einem abspult, erlebt man ein sogenanntes »Lebenspanorama« oder eine »Lebensrückschau«. Dabei bekommen wir markante Stationen unserer Biografie noch einmal vor Augen geführt. Entweder rückwärts oder, wie ich es auch erzählt bekam, von Geburt an. Das Lebenspanorama ist ebenfalls ein Aspekt der Nahtoderfahrung, der hin und wieder auch ohne medizinische oder nicht nachvollziehbare psychische Ursachen erlebt werden kann.

Der Rückblick zeigt vor allem die wesentlichen Begegnungen im Leben auf und lässt dabei noch einmal die damals empfundenen Gefühle erwachen. Dabei geht es aber nicht nur um die eigenen Regungen, sondern auch darum, was die anderen Beteiligten erlebten und wahrnahmen. Es handelt sich häufig um ungeklärte oder wichtige Situationen, die für unseren weiteren Weg zum Umdenken animieren können. Dabei bemerken wir, dass wir uns oft in anderen getäuscht hatten, vor allem wenn wir gereizt oder in negativer Stimmung gewesen waren. Wir stellen uns dann im Nachhinein Fragen wie: »Was hat mein Gegenüber wirklich gemeint und wie ist es eigentlich *ihm* in dieser Begegnung mit mir ergangen?« Das Gewissen der Seele wird uns darüber Aufschluss geben.

Dieses Seelengewissen ist im Alltag häufig getrübt, meist wird erst im Jenseits der Schleier vollends gelüftet. Die weitere Lebensgeschichte wird, sofern man denn in der Lage ist, ein solches Erlebnis für sich zu nutzen, das Dasein in einem anderen Licht erscheinen lassen. Das Lebenspanorama ist meist eine Begleiterscheinung im Licht. Es wird zu diesem Zeitpunkt nicht bewertet. Erst im Nachhinein muss es eine gewisse Erklärung liefern, sollen die Betroffenen ihr Leben verändern.

Für so manchen stellt sich zwar die Frage, warum einige eine Nahtoderfahrung erleben und manche nicht. Im Zuge meiner Recherchen traf ich beispielsweise eine nette ältere Dame, die in Trance Ratsuchenden von ihren Jenseitserfahrungen berichtet. Sie war schon ein paarmal an ihre körperlichen Grenzen gekommen und wunderte sich, warum sie keine Nahtoderfahrungen machen durfte. Weshalb nicht jeder Mensch während physiologischer Krisen Jenseitserfahrungen macht, ist nicht bekannt. Darüber kann man nur spekulieren. Die Darbietung des Lebenspanoramas kann man aber auch außerhalb einer Nahtoderfahrung erleben.

Ein Mann namens Edgar erlebte während eines Spaziergangs ebenjenes Lebenspanorama, ohne dass ein Nahtoderlebnis oder ein ähnliches Phänomen ursächlich damit in Verbindung gebracht werden konnte:

»Es war ein wunderschöner Spätsommermorgen. Die Blätter färbten sich in herbstlichem Braun, der Nebel verflüchtigte sich langsam. Ich war schon einige Zeit unterwegs und setzte mich an einen Bach, um ein wenig auszuruhen. Meine Blicke folgten dem plätschernden Wasser.

Nach einer Weile hatte ich das Gefühl, mit den tanzenden Wellen eins zu werden. Langsam ging ich in meiner Umgebung auf. Da sah ich mit einem Mal mein Leben vor mir. Halten Sie mich jetzt bitte nicht für verrückt! Wie im Film spulte sich rückwärts mein Leben vor mir ab. Und nicht nur das. Alle Gefühle, die ich einst empfand, waren wieder da. Sogar die meiner Gegenüber. Ich konnte wahrhaft spüren, was sie empfanden, konnte sehen, was sie sahen. Alles umgeben von hellem Licht und Farben. Es war ein unglaubliches Gefühl. Und trotz dieser Belehrung, die das offensichtlich sein sollte, war die Stimmung fürsorglich und friedlich.«

Die andere Welt

Bevor wir unseren Weg fortsetzen, sind wir aus unserem materiellen Körper ausgetreten und, wie ich es ausdrücken möchte, haben wir uns einer Art Reinigung unterzogen. Wir haben Frieden und Liebe gespürt und unser Leben noch einmal Revue passieren lassen. Erst dann geht es weiter.

Nun werden wir bis dahin unbekannte und fremde Welten betreten. Frische Wiesen, fremde Städte oder großartige Landschaften werden besucht. Die Möglichkeiten sind auch hier mannigfaltig, und vermutlich ist diese Station der Reise in ihrer Deutung ebenfalls abhängig von der jeweiligen Entwicklung und Persönlichkeit dessen, der dies alles erfährt. Auch hier erleben wir eine nie gekannte Lebensqualität, die, zurück im Diesseits, entsprechend gedeutet wird. So sehen die einen natürliche Landschaften und die anderen goldene Städte, von denen eine als Jerusalem interpretiert wurde, wie mir ein Geistlicher von seinem Vater berichtete, der sein Christsein in dieser Situation lebte:

»Mein Vater stand auf einem Berg. Gegenüber von ihm befand sich ein zweiter Berg. Auf diesem anderen Berg stand eine wunderschöne bunte Stadt mit lauter goldenen Türmen. In und außerhalb dieser Stadt sah er viele Menschen, die umherliefen. Alle waren sie dunkel gekleidet und winkten zu ihm hinüber. Von diesen Menschen kannte er niemanden. Ich fragte ihn dann, ob sein Erlebnis vielleicht eine Einbildung war. ›Nein!‹, sagte er. Dieses Erlebnis ist für mich der Beweis für ein Weiterleben nach dem Tod.« (Pfarrer W. Hollersund)

Diese andere Welt ist nur *eine* Station auf dem Weg in den Tod, die wir während des Sterbens betreten werden. Immer noch unterwegs, bedeutet sie noch nicht das Ende unserer Reise. Wir können also nicht davon ausgehen, dass der »Ort«, an dem wir uns befinden werden, nachdem wir gestorben sind, genauso aussieht. Niemand weiß, welche Route er wählen wird und an welchem Ausgang er seine bisher bekannte Welt verlassen wird.

Das Ende der Reise

Wann genau wir wirklich sterben, vermag niemand mit Bestimmtheit zu sagen. Folgen wir aber denen, die sich bereits auf dem Weg dorthin befanden, hat der Zeitpunkt des Todes häufig etwas mit der eigenen Entscheidung zu tun, auch den letzten Schritt zu gehen. Arthur befand sich vor einem Felsspalt, andere überquerten einen Fluss, wieder andere fühlten eine Schwelle, von der aus es zunächst einmal kein Zurück mehr gegeben haben soll. Auch wenn der Tod von jemandem außerhalb bereits festgestellt wurde, ist es durchaus möglich, dass die Entscheidung, in den Tod zu gehen, noch nicht gefallen und die Reise damit noch nicht zu Ende ist.

Maria litt an allergischem Asthma. Sie reagierte auf bestimmte Nahrungsmittel, Medikamente und Insektenstiche. Kam sie mit einem Allergen in Kontakt, musste sie intravenös behandelt werden. An jenem Tag befand sie sich als Außendienstmitarbeiterin eines Versandhauses in einem Kundengespräch, als sie von einem Insekt in den Arm gestochen wurde. Sie reagierte sofort. Sie fragte ihre Kundin nach der nächsten Arztpraxis, stieg in ihren Wagen und raste in atemberaubender Geschwindigkeit zu ihrem Retter. Als sie in der Arztpraxis ankam, war es fast schon zu spät. Kaum dass sie ihre Situation geschildert hatte, wurden ihr auch schon die Knie weich. Bevor sie bewusstlos zusammenbrach, bemerkte sie noch die angestrengten Versuche des Arztes, der Situation Herr zu werden. Dann begab sie sich auf die Reise:

> »Es war wie ein Sog. Ich habe meinen Körper durch meinen Kopf verlassen und schwebte auch gleich unter der Decke des Raumes. Dort sah ich mich liegen. Ich konnte die Bemühungen des Arztes ganz deutlich sehen und wunderte mich noch um das Aufheben, was sie alle um mich machten. Ich dachte, was denn da los sei und warum alle so aufgeregt sind, es ist doch alles in Ordnung.

Dann befand ich mich in einem dunklen Kanal, der offenbar nur eine Zwischenstation war, denn gleich darauf war ich von einem gleißenden Licht umgeben, das mich aber überhaupt nicht blendete.

Danach lief mein ganzes Leben noch einmal wie ein Film vor mir ab. Das ging so schnell: Gegenwart und Vergangenheit. Alles auf einmal. Es gab überhaupt keine Zeit. Ich war glücklich und zufrieden, ein Wahnsinnszustand. Nun befand ich mich an einer Schwelle, und dort sah ich auch noch meine Zukunft und die meiner Familie.

Seitdem ist viel Zeit vergangen, und was soll ich sagen? Alles wurde wahr und hat sich genau so ereignet, wie ich es damals gesehen hatte.

Als ich mich damals entschieden hatte, nicht weiterzugehen, wurde ich durch meinen Kopf wieder in meinen Körper hineingezogen.«

Aus der Sicht des Jenseits können wir die Reise an unterschiedlichen Stationen beginnen und beenden. Manche Stationen nehmen wir mehr, andere weniger intensiv wahr, und wieder andere haben wir ganz aus dem Blick verloren.

Der kleine Bruder des Todes

Jede Nacht sterben wir einen kleinen Tod und tauchen ein in die unbekannte Welt des Schlafs. Auch dort erleben wir Abenteuer und befinden uns jenseits des Alltags ohne Grenzen mit eigenen Gesetzen. So erkennen wir zwischen unseren Träumen und Jenseitserfahrungen frappierende Ähnlichkeiten. Gibt es eine Entsprechung zwischen dem Tod und dem Schlaf? Ein Vergleich ist nicht ganz von der Hand zu weisen.

Nahtoderfahrungen sind unvorhergesehen, wir können sie nicht herbeiführen. Sie geschehen und sind dann vorüber. Allein die unglaublichen Erlebnisse bleiben uns in tiefer Erinnerung. Wir fragen uns: Was ist das Jenseits? Was das Diesseits? Wo befinden wir uns, wenn wir in anderen Sphären unterwegs sind? Welche Möglichkeiten gibt es, sich weiter mit diesen Fragen zu beschäftigen?

Träume faszinieren uns seit eh und je, und auch sie veranlassen uns zu derartigen Fragen. So begann ich mich schließlich eines Tages mit sogenannten Klarträumen zu beschäftigen. Dabei handelt es sich um Träume, in denen wir wissen können, dass wir uns in einem Traum befinden, und sind dann sogar in der Lage, ihn nach unseren Vorstellungen zu beeinflussen.

Über Klar- oder luzide* Träume, wie sie auch genannt werden, gibt es mannigfaltige Literatur. Wollte ich mich nun

* Das Wort »luzid« kommt vom lateinischen lucidus für »hell, klar«.

in die Lage versetzen, meine Träume ganz bewusst zu erleben – so erfuhr ich –, musste ich vor allem am Tag auf eine ganz bestimmte Weise wach sein. Ich musste in meinem Alltag achtsamer leben, um nicht zu vergessen, was ich mir für die Nacht vornahm. Ich wollte ganz bewusst einschlafen und ganz bewusst träumen. So wie ich mir vorgenommen hatte, ganz bewusst zu sterben. Ich wollte mein Bewusstsein auch während des Schlafs wachhalten. Es wäre an dieser Stelle sicher zu viel des Guten, wenn ich meinen Alltag in dieser Hinsicht bis ins Detail beschriebe, deshalb möchte ich mich für unser Thema hier auf das Wesentliche beschränken.

Um ganz bewusst zu träumen, fing ich also an, meine Tage achtsamer zu gestalten. Dies musste vor allem deshalb sein, weil ich mir immer wieder die Frage stellte, ob ich wach bin oder ob ich mich in einem Traum befinde. Der deutsche Professor Paul Tholey hat ausgiebig über das Kuriosum Klartraum geforscht und in seinem Buch *Schöpferisch träumen*[13] eine genaue Anleitung beschrieben.

Anfänglich ging ich sehr naiv mit meinem Vorhaben um. Manchmal wusste ich wirklich nicht mehr, ob ich träume oder wach bin. Dieser Zustand machte mir zuweilen richtiggehend Angst, aber er hatte auch etwas Bezauberndes an sich. Ich hielt mich an, sorgfältiger mit mir selbst umzugehen und meine Bemühungen mehr zu strukturieren.

Mit der Zeit wurde mir das Geschehen immer bewusster. Ich erkannte für mich das Hier und Dort während des Einschlafens. Mal fühlte ich mich wach, mal schlief und träumte ich schon. Es war eine Wanderung zwischen zwei Welten, die direkt miteinander zusammenhingen. So wie Arthur sich selbst im Krankenbett liegen sah, können wir uns während des Träumens auch an unserem Wachleben orientieren. Die Übergänge sind sowohl bei der Nahtoderfahrung bis zu einem bestimmten Punkt als auch beim Träumen fließend. Wir haben es hier nur formal mit zwei Welten zu tun. Sie sind nicht voneinander getrennt, sondern gehen ineinander über wie eine zähe Flüssigkeit, die man ins Wasser schüttet.

Heute frage ich mich, ob der Sterbeprozess nicht auch bewusst wahrgenommen werden und ob man währenddessen nicht Einfluss darauf nehmen kann ähnlich wie im Klartraum. Da wir nicht wissen, wann wir sterben werden, und auch nicht, auf welche Weise, scheint mir das Leben auch die Aufgabe zu haben, uns darauf vorzubereiten. Wir müssen den Tod, also den »Traumzustand«, nicht in einem düsteren Licht betrachten, sondern wir können uns darauf einstellen und ihn als Übergang in ein anderes Leben begreifen.

Ich sehe mein Leben als eine Aufgabe und Möglichkeit, mich mit mir aus ganz unterschiedlichen Perspektiven zu beschäftigen. Was mir an Situationen begegnet, sehe ich als Herausforderung und besonders als einen Lernprozess. Dadurch habe ich die Möglichkeit, mich weiterzuentwickeln. Kann es sein, dass das eigentliche Leben »hinter den Kulissen«, zu denen auch die Traumwelt gehört, stattfindet und das, was wir im Alltag erfahren, lediglich äußere Zeichen, Indikatoren, Symptome sind? Sind die Krankheitsanzeichen, mit denen uns unser Körper über ein tiefer liegendes Ungleichgewicht informieren will, nicht auch der Spiegel unserer geistigen Verfassung? Mittlerweile lebe ich diese Überzeugung und habe es mir selbst zur Aufgabe gemacht, mir darüber immer wieder bewusst zu werden und Vertrauen zu fassen:

> »Was ist, wenn das, was wir während einer Nahtoderfahrung erleben, die Wirklichkeit ist, der Tod das eigentliche Leben? Wie können wir wissen, dass es nicht so ist?« (Bernhard)

Zu diesem Thema möchte ich Tenzin Wangyal Rinpoche aus seinem Buch *Übung der Nacht* zitieren:

> »Man muss das große Potenzial des Traums für die spirituelle Reise erkennen. Wir sehen den Traum gern als ›unwirklich‹ gegenüber dem ›wirklichen‹ Leben im Wachzustand. Aber es gibt nichts Wirklicheres als den Traum. Diese Aussage wird uns erst einleuchten, wenn wir verstanden haben, dass das normale Leben im Wachzustand so unwirklich ist wie der Traum – und in genau dem gleichen Sinne unwirklich.«[14]

Damit ergeben sich für das Leben und für das Sterben ungeahnte Möglichkeiten. Stellen Sie sich vor, wir wären in der Lage, auf die Dimensionen der Wahrnehmung spontan einzuwirken, zwischen Wachsein und Traum, zwischen Diesseits und Jenseits hin- und herzureisen. Damit wären wir in der Lage, sowohl unsere Träume positiv, damit auch unser Leben bewusst zu prägen wie auch auf die Qualität des Sterbens Einfluss zu nehmen.

Der universale Erlebnisspielraum

Negativ erlebte Nahtoderfahrungen?

Manche Nahtoderfahrungen werden negativ erlebt. Niemand weiß mit Sicherheit, weshalb. In ihrem Buch *Der verkleidete Segen. Erschreckende Nah-Todeserfahrungen und ihre Verwandlung* schreibt zum Beispiel die Ärztin Dr. med. Barbara Rommer:

> »Es gibt drei hauptsächliche Gründe, warum Menschen anscheinend eine nicht positive Nah-Todeserfahrung erleben. Erstens, um die betreffende Person aufzufordern, in ihrem Leben innezuhalten, zurückzuschauen und ›Inventur zu machen‹; d. h., alle früheren Entscheidungen, Handlungen, Reaktionen, Gedanken und Worte zu überdenken und eine Kurskorrektur vorzunehmen. Zweitens kann eine NPE-NTE vorkommen, wenn die Betroffenen sich unmittelbar vor dem Ereignis in einem ›nicht positiven‹, also wenig von Liebe – in welcher Form auch immer – geprägten, oder gar in einem furchtsamen Gemütszustand befanden. Und drittens, wenn man negativ programmiert und konditioniert

aufwächst und nichts anderes als Hölle und Fegefeuer erwartet, dann kann dies zu einer ›selbsterfüllenden Prophezeiung‹ werden, und man erntet, was man gesät hat: nämlich das, was der-/diejenige in den Kosmos projiziert und entsprechend auch erlebt.«[15]

Martin beschreibt seine Nahtoderfahrung, die er zunächst als schrecklich empfand, im Nachhinein so:

»Nach zwanzig Jahren sehe ich mein negatives Nahtoderlebnis auch mit positiven Seiten. Allerdings war in der Zeit, in der ich es erlebte, gar nichts positiv. Erst in der Rückblende kann ich das von mir behaupten. Schließlich habe ich danach mein Leben verändert. Dieses Erlebnis habe ich immer wieder mit Dantes Inferno verglichen.

Ich hatte kein Tunnelerlebnis. Dies würde meiner Meinung nach auch mehr zu den positiven Nahtoderlebnissen passen. Was ich aber hatte, was andere auch haben, war dieses außerkörperliche Erlebnis, dass ich mich von oben sehen konnte. Wie wenn man in einer Ecke des OP-Saals eine Überwachungskamera installiert hätte, und ich konnte dann alles sehen, was geschah, und hören, was gesprochen wurde. Als ich in dieser Zeit im Wachkoma lag, hörte ich zum Beispiel, dass sich die Ärzte über die Möglichkeit einer Organspende unterhielten. Das war für mich ein einschneidendes Erlebnis, und natürlich bekam ich ziemlich Angst deshalb. Man ist dann selbst Betroffener. Wahrscheinlich bekamen sie diese Angst gar nicht mit, weil mein Herz nicht anders schlug oder Ähnliches körperlich nicht festgestellt wurde. Heute aber habe ich einen Organspendeausweis, weil ich dies für gut halte. Wenn ich einmal tot sein sollte, spielt es für mich keine Rolle, ob ein Organ mehr oder weniger mit ins Grab kommen sollte.

Mich hat dieses Erlebnis in meinem Glauben und damit dem, was das Christentum und auch andere Religionen seit Hunderten von Jahren übermitteln, nur noch bestätigt. Dass es also beides gibt: den Schöpfer und Wesen, die das Negative verkörpern. Dies ist für mich bei meinem Erlebnis sehr deutlich erkennbar gewesen. Ich war schon immer religiös interessiert und habe viel über Religionen gelesen: christliche Schriften, natürlich die Bibel, den Koran und den Talmud. Ich bin aber kein streng gläubiger Mensch. Das war ich vorher nicht und bin es nach diesem Erlebnis auch nicht. Aber ich bin von einem Gott überzeugt, und dass meine Religion ziemlich nah an der Wahrheit dran ist, wie andere Religionen auch, soweit sie nicht unmenschlich sind und schlecht mit ihren Mitmenschen umgehen.

Dass ein Nahtoderlebnis ein Selbstschutz des Gehirns sein soll, ist sicher nicht der Fall. Dafür war mein Erleben zu intensiv. Auch weil ich mich manchmal in der Vergangenheit und manchmal in der Zukunft befand. Ich war bis in den Koreakrieg zurückversetzt und kann bis heute nicht zuordnen, was das zu bedeuten hat. Ich glaube zwar nicht an die Wiedergeburt, aber schon daran, dass man in andere

Zeiten irgendwie eine Verbindung aufnehmen kann. Zur Zukunft möchte ich gar nicht viel sagen, weil man nicht beweisen kann, was in zweihundert Jahren sein wird.

Ich habe mich dann ausgiebig mit dem Alten und dem Neuen Testament beschäftigt, was eigentlich mit Lazarus passiert ist und so weiter.

Was war eigentlich passiert? Ich war schwerverletzt im Krankenhaus und nach der heutigen medizinischen Meinung ohne Bewusstsein. Währenddessen erlebte ich einerseits Angriffe auf mich, aber ich wurde auch Versuchungen ausgesetzt. Wenn ich bei der schlechten Seite nicht mitmachen würde, werde es mir schlecht ergehen, was teilweise auch geschah. Warum ich das, was meiner Meinung nach nur sehr wenigen Menschen widerfuhr, erleben musste, weiß ich nicht. Vielleicht, weil so schwer Verletzte normalerweise einfach nicht überleben. Von dieser schlechten Seite wurde mir versprochen, also, wenn ich mich von Gott abwendete, dann würde es mir körperlich und materiell einfach besser gehen.

Ich hatte zwar keine Zweifel daran, dass ich nicht mit der bösen Seite mitgehe, aber ich befand mich dennoch in einem ständigen Kampf. Das waren für mich massive Begegnungen. So schön, wie die Begebenheiten bei positiven Nahtoderfahrungen berichtet werden, so grausam war die negative Seite.

Ich habe bis heute das Gefühl, dass ich noch eine Aufgabe in einem größeren Ausmaß bestehen muss. Irgendwie hoffe ich schon, dass das nicht kommt. Aber wenn es kommt, kann ich auch nichts dagegen tun. Ich habe für mich festgestellt, dass ich nur wenig in meinem Leben wirklich steuern kann. Ein gewisser Teil scheint bei jedem vorbestimmt. Aber eben nur ein Teil, meiner Meinung nach.

Was ich sah, waren riesenhafte Geister. Von ihnen ging eine Eiseskälte aus. Es war, als ob sie von einem hohen Gletscher zu mir herunterkämen. Und sie haben diese Eiseskälte mitgebracht. Diese Kälte habe ich deutlich gespürt.

Die Verknöcherungen meiner Brüche begannen ja in den ersten vier Wochen, und ich habe mich immer wieder geweigert, bei diesen riesenhaften Geistern mitzumachen. Es ist ganz eindeutig, dass ich vor einer Entscheidung stand. Entweder ich gehe mit den Schlechten oder mit den Guten weg. Und in der Zeit, in der ich kämpfte und, bildlich gesprochen, mir immer wieder gedroht wurde, mir würde es schlecht ergehen, wenn ich mich dem Guten hinwende, entschied ich mich für das Gute. Das war eben in dieser Zeit, und mir war, als ob ein Schrank auf meinen Körper fiel, genau auf meine Hüfte. Damals begriff ich gar nicht, was mit mir geschah.

Ein paar Wochen später wachte ich auf. Dann kamen die Ärzte und schauten, was überhaupt noch zu bewegen ging. Ich lag damals in einem Sandbett und war froh, als ich nicht bewegt wurde, weil mein ganzer Körper höllisch wehtat. Die Ärzte schauten auf die Hüfte und wunderten sich, weil sie sehr kaputt war. Ich habe das alles selbst gar nicht glauben können.

Diese Erscheinungen waren nicht menschlich. Sehr viel größer und einem Menschen ähnlich, aber keine Menschen. Es waren auch keine Teufel, wie man es manchmal in Büchern liest. Einer von denen hatte mehr zu sagen als die anderen, die außen herumstanden.

Das kann man glauben oder nicht. Mir ist es so ergangen. Das war für mich sehr mystisch.«

Martin war auf der Autobahn in einen Massenunfall mit mehr als hundert beteiligten Fahrzeugen verwickelt worden. Mit Knochenbrüchen am ganzen Körper wurde er ins Krankenhaus eingeliefert. Während er sich in einem scheinbar bewusstlosen Zustand befand, unterhielten sich die Ärzte über die Möglichkeit einer Organspende. Dies rief bei Martin große Angst hervor. Ich habe den Verdacht, dass einige Menschen zunächst mit einer Schicht ihres Unterbewusstseins konfrontiert werden, bevor sie sich tatsächlich auf die Reise begeben.

Sehen wir uns Ruths Erleben an, kommen wir dem Geheimnis vielleicht etwas näher. Ruth war klar, warum ihre Reise negative Vorzeichen hatte:

»Damals war ich verheiratet, und ich habe zwei Kinder. Immer wieder einmal wurde ich von Frauenproblemen geplagt. Für einen Routineeingriff ging ich dann in die Klinik, und die Ärzte fanden etwas in meinem Unterleib. Weil sie Verdacht auf Krebs hatten, wurde ich schon drei Tage später operiert. Ich solle mir keine Sorgen machen, solche Eingriffe kämen öfter vor, wurde mir gesagt. Bis dahin war für mich noch alles normal.

Kurz nach dem Aufwachen aber dachte ich mir, dass etwas nicht stimmt. Für das, was ich spürte, kannte ich meinen Körper gut genug. Auch weil ich bis dahin kerngesund gewesen war. Mein merkwürdiges Gefühl wurde immer schlimmer. Andere mit der gleichen Operation waren schon wieder auf den Beinen, und mir hat man unterstellt, dass ich empfindlich sei.

Dann war ich nicht mehr da. Später, an einem Freitag, wurde ich notoperiert. Ich wusste nicht genau, ob ich diesen Eingriff überstehen werde. So jedenfalls dachte ich. Kurz zuvor wachte ich noch einmal für einen Moment auf, blickte in das erschrockene Gesicht meines Mannes, der davon gar nichts wusste, weil er mich lediglich besuchen wollte. Ich dachte oder sagte zu ihm: ›Ich verspreche, das schaffe ich!‹

Was nun genau geschah, weiß ich nicht. Jedenfalls nahm ich Fetzen eines Erlebnisses wahr. Ich war von Dämonen geplagt. Das empfand ich als sehr schrecklich. Diese Dämonen waren nicht groß, hatten aber große Köpfe. Sie hatten einen hässlichen und unruhigen Gesichtsausdruck. Ich fühlte mich bedroht. Alle waren sie geschlechtslos. Mich wundert dieser Gedanke noch heute. Das ist das eine.

Was mich außerdem wundert, ist, dass ich sofort wusste, weshalb ich diese Dämonen traf. Ich kämpfte mit diesen Dämonen. Dieser Kampf fand in mir statt. Diese Dämonen haben mir nicht wirklich etwas getan, auch wenn sie mir sehr nahe kamen. Sie haben mich noch nicht einmal angefasst. Die Dämonen sollten weggehen. Sie sollten nicht da sein. Ich hatte wahnsinnige Angst.

Erst war es ganz schlimm. Als ich wusste, warum dies alles geschah, wurde ich ruhiger. Einige Jahre davor hatte ich ein Kind abgetrieben. Ich hatte einen Schwangerschaftsabbruch vornehmen lassen. Weil ich mich entscheiden musste. Mein Mann stellte mich vor die Wahl: ›Entweder wir belassen es bei zwei Kindern, oder ich gehe. Wenn du das dritte Kind haben willst, werde ich gehen.‹ In dieser Zeit trieb man sehr viele Kinder ab.

Für mich als Frau und mit meinem damaligen Selbstbewusstsein war es gar nicht möglich, allein zu leben. Ich habe meinen Mann viel zu sehr geliebt, um mich anders entscheiden zu können. Ohne ihn konnte ich einfach nicht leben. In dieser Zeit hatten wir zwei Söhne.

Diese Dämonen wollten mir meine Entscheidung von damals vor Augen halten. Waren es Schuldgefühle? Die Verbindung zwischen meiner Entscheidung und meinem Erlebnis kann mir niemand ausreden.

Dann befand ich mich über mir, und ich sah mehrere weiße Kittel, fünf, sechs Leute, die mit mir beschäftigt waren. Ich dachte immer: ›Was wollt ihr bloß von mir? So gut wie jetzt ist es mir noch nie gegangen!‹ Ich hatte aber bis dahin noch nicht das Gefühl, das ich später bekam. Ich dachte nur: ›Was wollt ihr denn? Lasst mich doch!‹

Dann war da etwas Dunkles, und ich wusste, ich wollte da hindurch. Ich leistete überhaupt keinen Widerstand. Das war wie ein Sog. Ich wollte da einfach durch. Nachher wurde es erst einmal sehr hell, und dieses unbeschreibliche Gefühl war da.

Dieses Gefühl hat man als Mensch hier auf der Erde nicht. Für mich besteht dabei die Überzeugung, dass uns dieses Gefühl am Leben hält. Es ist unsere Sehnsucht, wo wir alle wieder hinwollen, weil wir alle dieses Gefühl kennen. Sodann kamen Wesen, die mich kannten, die mich auffingen, aufhielten. Ich kannte aber niemanden von denen.

Was mich auch heute noch wundert, ist, dass ich keine Farben sah. Da war nur dieses helle Licht und dieses Gefühl, für das ich keine Bezeichnung habe. Es gab keine Unterschiede mehr, keine Schuld, keine Bestrafung. Damit hatte das alles nichts mehr zu tun. Es gab nur noch dieses Gefühl. Diese Wesen sah ich nur verschleiert. Ich kannte niemanden. Diese Wesen waren irgendwie menschlich und haben mit mir gesprochen: ›Jetzt ist alles gut!‹ Und ich habe sie angesehen und ›Ja‹ gesagt, ›jetzt ist alles gut‹. Das war kein Sprechen. Ich glaube, wir haben miteinander gedacht. Ich wollte ja nicht wieder weg, aber ich hatte es versprochen. Das war aus heutiger Sicht mein Anker. Ich habe mich quasi an meinem Mann festgehalten. Ich habe zwar zu ihm gesagt, dass ich es für ihn schaffe, aber ich weiß, ich tat es für mich. Ich habe mich für mich entschieden. Ich war an dem Punkt, an dem ich zurückmusste. Wie genau das vor sich ging, weiß ich nicht mehr. Ich erinnere mich nur noch an die Schmerzen. Ich war dann irgendwann wieder da. Von hier aus dauerte es ein paar Tage.«

Sowohl Martin als auch Ruth veränderten trotz schrecklicher Erfahrung während eines körperlich kritischen Zustands ihr Leben zum Positiven hin.

Auch wenn wir in solchen Fällen von negativ erlebten Nahtoderfahrungen sprechen, würde ich sie aus heutiger Sicht nicht als solche bezeichnen. Ich denke, bei Ruth wird deutlich, dass die negativen Erlebnisse noch vor der Reise stattfanden und die Gründe dafür im Leben zu finden sind. Erst als sie durch ihre Schuldgefühle, die sich ihr symbolisch als Dämonen offenbarten, hindurch war, ging sie durch ein Tor ins Licht.

»Kosmische Erlebnisräume«

Die Frage, ob es eine objektive, andere Wirklichkeit gibt oder ob alles, was wir in einem erweiterten Bewusstseinszustand erleben, in uns selbst stattfindet, ist lediglich eine Frage der Perspektive. Meines Erachtens erleben wir beides, ohne dass wir uns für eine Variante des Erlebens festlegen müssten.

Weil keine Nahtoderfahrung einer anderen gleicht, werden sie häufig missverstanden. Dennoch lässt sich bei genauem Hinsehen ein roter Faden erkennen. Wenn wir uns diesen roten Faden als Sinnbild für etwas Ganzes vorstellen, sehen wir ein vollständiges Bild von den möglichen Stationen dieser Reise, die nicht alle passiert werden müssen, die nicht alle in Erinnerung bleiben und entsprechend der Persönlichkeit unterschiedlich interpretiert werden können. Trotzdem erlebt man im Jenseits eine unaussprechliche Qualität. Da gibt es Menschen wie Arthur oder Maria, die eine Reise nahezu mit allen Stationen antraten – bis zu dem Ort, an dem sie sich für die Rückkehr ins Diesseits entschieden haben. Andere erleben aber auch nur Ausschnitte daraus. Die möglichen Gründe habe ich bereits erwähnt. Manche erinnern sich lediglich an den Beginn der Reise, wenn die Seele den Körper verlässt. Ohne den Anfang zu kennen, werden wieder andere durch eine Art Tunnel gezogen. Sie sehen Farben, hören Musik, betreten Landschaften, erleben Gefühle, die sie bis dahin nicht kannten, und hören Stimmen, die sie begleiten. Und sie haben während der Reise einen Bezug zum Diesseits. Diese Erfahrung ist komplex und kann nur bruchstückhaft wiedergegeben werden, wobei der Teil durchaus für das Ganze stehen mag:

»Wenn eine vollständige Beschreibung dieser Welt in ihrer Ganzheit vorläge, dann würde sich herausstellen, dass dieses Bild der Welt überaus vielschichtig ist. Bereits der dem

Menschen erkennbare Teil des Bildes dürfte von einer derart komplexen Natur sein, dass ein Mensch kaum imstande sein wird, den ihm zugänglichen Teil des Bildes auch nur annähernd zu erfassen.«[16]

Wir sind gar nicht in der Lage, rational zu begreifen, was an Erlebnissen alles möglich ist. Nur aus unserem Inneren heraus können wir intuitiv erahnen, wohin die Reise gehen mag. Denken wir an ein Koordinatensystem, in dem wir Geschehnisse aus der diesseitigen Welt »fixieren« können. Was wir in unsere Raum- und Zeitkoordinaten einzubauen vermögen, halten wir für wahr und wirklich. Bei allem anderen tun wir uns sehr schwer, es zu akzeptieren, obwohl unsere Intuition etwas anderes sagt. Wir stehen vor der großen Herausforderung, das Diesseits mit dem Jenseits in Einklang zu bringen oder, anders ausgedrückt, die Wissenschaft und die Erfahrung miteinander zu vereinen:

»Wissen allein ist hell, aber es wärmt nicht. Hingegen ist das Gefühl lebenswarm, aber blind. Erst wenn das helle Wissen mit dem lebendigen Gefühl vereint wird, entsteht ein mildes warmes Licht, in welchem echtes Menschentum wachsen kann.«[17]

Manchmal haben auch Gefühle aus der Vergangenheit mehr Einfluss auf unser Leben als etwas, was wir aktuell rational erfassen. So verändert eine unverhofft eingetretene Nahtoderfahrung meist maßgeblich das Leben derer, die sie erlebt haben, allein schon deshalb, weil sie sie sehr intensiv in einer sensiblen Lebensphase erfahren haben. Das Jenseits hat somit einen großen Einfluss auf das Tagesgeschehen. Schon deshalb sollten wir authentisch berichtete Jenseitserfahrungen, ob es sich dabei um Träume, mystische Erlebnisse, magische Momente oder Nahtoderfahrungen handelt, auf jeden Fall ernst nehmen und sie nicht von vornherein als Nonsens abtun. Ansonsten fehlte uns einfach ein wichtiger Bestandteil des Lebens.

Als das Porträt der Nahtodgruppe und meiner Erfahrung veröffentlicht wurde, durfte ich Menschen mit den unterschiedlichsten Erlebnissen begegnen:

> »Eines Abends brachte ich meinen Sohn zu Bett, da stand plötzlich ein Kind neben mir. Wie ein Geist schaute es mich an. Es sagte kein Wort, sondern stand nur da. Offenkundig war es materielos, ein Mädchen von etwa fünf Jahren. Als ich den ersten Schock überwunden hatte, verschwand es genauso schnell, wie es aufgetaucht war. Seitdem sehe ich sie jeden Abend.
>
> Anfangs hatte ich Angst, heute habe ich mich, soweit man das überhaupt kann, daran gewöhnt. Aber ich weiß immer noch nicht, was ich mit dieser Begegnung anfangen soll.« (Thomas)

Gleichzeitig achtete der junge Vater seither aufmerksamer auf das, was in seinem Leben so alles geschah, und entdeckte an sich auch noch andere außergewöhnliche Fähigkeiten:

> »Manchmal weiß ich schon ein paar Tage vorher, was passieren wird. Ich habe das auch früher hin und wieder bemerkt, aber dem keine Beachtung geschenkt, weil ich glaubte, dass es sich um einen Zufall handelte, wenn etwas wirklich wie vorhergesehen eintraf.«

Anscheinend steht Thomas in Kontakt mit dem Jenseits. War er das möglicherweise schon vorher, ohne dass es ihm bewusst war?

Tatsächlich geht es uns bei der Auslotung des Erlebnisspielraums aber zunächst einmal darum, wozu wir an Wahrnehmung überhaupt in der Lage sind. Dabei haben wir die Möglichkeiten der Wahrnehmung durch unsere eigene Entwicklung eingegrenzt. Insofern schöpfen wir mit unseren persönlichen Limitierungen aus dem Pool dessen, wozu ein Mensch überhaupt in der Lage ist: Unsere individuellen Grenzen sind ja ein Teil des größeren objektiven menschlichen Erlebnisraums, der wiederum Teil des schier unbegrenzten »kosmischen Erlebnisraums« ist.

Vor diesem Hintergrund ist es gar nicht möglich, Erfahrungen zu bewerten, gleich, wie kurios sie aus unserer Sicht auch anmuten mögen. Um authentische Erlebnisse beurteilen zu können, müssen wir uns also um andere Maßstäbe bemühen. In der langen Zeit, in der ich mich mit dem erweiterten Bewusstsein beschäftige, ist mir viel berichtet worden, was ich nach bekannten Kriterien einordnen konnte. Aber manchmal komme auch ich noch ins Stocken. So ging es mir zum Beispiel, als mich ein Universitätsprofessor anrief und mir eine schier unglaubliche Geschichte erzählte:

> »Während ich im Krankenhaus lag, verließ ein Teil von mir meinen Körper, ging durch die Wand des Zimmers, kam zurück und kämpfte vor meinen Augen mit einem dunklen Wesen. Ich kann bis heute mit niemandem darüber reden, was Sie sicherlich verstehen werden. Als der Kampf sein Ende genommen hatte, fügte sich der Teil von mir, der mich verlassen hatte, wieder in mich ein, nahm aber dieses dunkle Wesen mit zu mir. Seitdem habe ich das Gefühl, in mir nicht mehr allein zu sein.« (Professor Wenger)

Im Laufe der Epochen veränderte sich die Wahrnehmungsbereitschaft und -fähigkeit des Menschen. Konditioniert durch gesellschaftliche Konventionen, findet in unserem Inneren eine Art Zensur statt, die uns in aller Regel nicht mehr das wahrnehmen lässt, was früher natürlicher Teil des Lebens war. Wie das Beispiel des Professors zeigt, bedeutet dies aber keinesfalls, dass ein Gespür für unerklärliche Phänomene heute nicht mehr möglich ist. Vielmehr verdrängen wir derartige Erlebnisse ins Unterbewusstsein, von wo aus sie natürlich nicht an Wirkung verlieren, nur dass wir diese mit anderen Begriffen umschreiben. Denken wir nur an das vielzitierte »Bauchgefühl« oder die »Chemie« zwischen zwei Menschen, die im besten Falle »stimmt«. Dass es sich dabei um jenseitige Informationen handeln könnte, schließen wir von vornherein aus. Ich kann mir gut vorstellen, dass dadurch psychische Störungen entstehen, die früher so nicht auftraten, und dass dies auch einer der Gründe dafür ist, warum wir immer *mehr* psychische Probleme haben. Uns fehlt der Blick für die Gesamtzusammenhänge, wenn wir über mögliche Ursachen nachdenken, und wir sind nicht in der Lage, den jenseitigen Einfluss im Diesseits zu begreifen.

In den schamanischen Traditionen, die auch in Europa gelebt wurden, waren Jenseitsreisen fester Bestandteil des Lebens. Es wurde lediglich darin unterschieden, welche Absichten jemand hegte, der solche Phänomene generieren konnte. Erst als die christliche Religion in der vor allem westlichen, industriellen Welt das Heidentum ablöste und die schamanischen Praktiken, aber auch die naturnahe Lebensweise enorm beschnitt, begann eine Welle der Verfolgungen und Missgunst gegenüber übersinnlichen Phänomenen, die noch heute ihre Wirkung zeigt. Alles, was nicht dem christlich-religiösen Kontext entsprach, wurde dämonisiert – es sei denn, man konnte es für sich verwenden. Die christliche Revolution fand an unterschiedlichen Orten zu unterschiedlichen Zeiten statt. Im Falle des besagten Chonrad Stoeckhlin schrieb der Historiker Wolfgang Behringer:

> »In der frühen Neuzeit fand eine solche Revolution der allgemeinen Weltanschauung statt … speziell im Zusammenhang mit … [der] großen Hexenverfolgung: Hebammen durften keine Geburtsmagie mehr ausüben, Hirten keine Tiere mehr segnen und die Pfarrer keine Konkubinen mehr haben. Wahrsagerei fiel ohnehin unter das erste Gebot und galt als Indiz für direkten Kontakt mit dem Teufel.«[18]

Stellen wir uns ein riesiges Meer vor, an dessen Ufer wir leben. Weil wir Fischer sind, kennen wir den Teil ringsumher. Wir wissen, wo es die besten Fische gibt und wann der günstigste Zeitpunkt ist, die Netze auszuwerfen. Alle Untiefen sind uns bekannt, und wir schiffen wohlbehalten in sicheren Gefilden. Manchmal kommt Sturm auf. Dabei wird auch das uns Bekannte turbulent. Grundsätzlich aber kennen wir uns aus. An einem anderen Ufer wohnen auch andere Fischer. Dieses andere Ufer liegt hinter dem Horizont. Dort herrscht ein ganz anderes Klima, und der Meeresboden ist uns nicht vertraut. Und weil sie unter anderen Bedingungen leben, machen sie auch andere Erfahrungen. Sind sie deshalb weniger wahr?

Wenn wir uns das Meer und das Land hinter seinen Gestaden als kosmischen Erlebnisspielraum vorstellen und das, was wir zu entdecken imstande sind, als unsere menschlichen Möglichkeiten, dann ist unser eigener Erlebnisraum das Ufer, an dem wir leben:

»Die Welt als der Inbegriff alles dessen, was es überhaupt gibt, besteht aus einem endlichen und einem unendlichen Teil. Unter Endlichkeit ist alles das zu verstehen, was sich in Raum und Zeit befindet, was *wirklich* ist, unter Unendlichkeit hingegen dasjenige, was sich *nicht* in Raum und Zeit befindet, was aber in den raumzeitlichen Teil der Welt gelangen *wird* oder gelangt. Die Unendlichkeit ist somit der Inbegriff alles dessen, was als *möglich* zu bezeichnen ist.«[19]

Nahtoderfahrungen als persönliche Herausforderung

Wie die Betroffenen selbst mit ihrer Nahtoderfahrung umgehen, hängt in erster Linie von der jeweiligen Persönlichkeit ab. Der erste Abend der Nahtodgruppe begann sehr verhalten. Die stummen Blicke sagten, dass man lieber erst mal den anderen den Vortritt lassen wollte. Allmählich brachten dann doch einige den Mut auf, über ihr Erlebnis zu sprechen.

Natürlich hatten die meisten bereits ihre Erfahrungen damit gemacht, wie andere darauf reagierten. Zunächst stieß ich deshalb auf eine Zurückhaltung, wie ich sie aus Gesprächen mit den Betreffenden unter vier Augen nicht kannte. Wer wusste schon, wer die anderen waren? Vielleicht waren unter den neuen Gesichtern Skeptiker, die einem wieder einmal die eigene Wahrnehmung in Zweifel ziehen wollten, oder ein sensationsheischender Fantast, der die intimen und privaten Erfahrungen für seine wilden Theorien missbrauchen wollte? Die Aufgabe der Gruppe war also vor allen Dingen zuerst einmal, einen vertrauten Rahmen zu schaffen, um sich mit Leuten auszutauschen, denen es ähnlich ging wie einem selbst.

Eine Nahtoderfahrung übersteigt das Vorstellungsvermögen. Mein Nahtoderlebnis war in dieser Hinsicht sicherlich das Eindrucksvollste, was mir je widerfahren ist, und vor allem war es der Anfang einer kuriosen Entwicklung.

Mich hat meine Nahtoderfahrung dazu gebracht, mit dem Jenseits Kontakt aufzunehmen und in ein Land in anderen Sphären zu reisen. Dabei überwand ich die Grenzen meiner eigenen Wahrnehmung, die ich bis dahin gar nicht zu kennen glaubte. Irgendwann wurde mir jedoch klar, dass ich diese Welt nur vergessen hatte, denn je mehr ich mich später bewusst mit ihr auseinandersetzte, erwachte in mir immer öfter ein vertrautes und heimeliges Gefühl. Denn eigentlich gehören beide Lebensräume ja zu ein und derselben Welt.

Die jenseitige, unsichtbare und vergessene Welt ist vor allem auch ein Land mit einer anderen Sprache, Kultur und vor allem mit ganz verschiedenen Wertvorstellungen. Damit steht sie der irdischen Welt subjektiv, diametral gegenüber. Im Gegensatz zu der harten Realität, wie wir sie an vielen Orten der diesseitigen Welt mit ihrer Gier und ihren kriegerischen Auseinandersetzungen im Großen wie im Kleinen kennen, zeichnet sich das Jenseits durch allgegenwärtige Liebe und steten Frieden aus. Dadurch erleben Nahtoderfahrene bei ihrer Rückkehr je nachdem, wie intensiv ihr Erlebnis war, so etwas wie einen Kulturschock. Liebe und Frieden sind die wesentlichen Wertmaßstäbe, die auch ich nach meiner Rückkehr mehr als alles andere als Orientierungspunkte wählte. Aus diesen beiden Qualitäten entwickelte sich eine zunächst fremde Ethik, begleitet von paranormalen Erlebnissen, die hin und wieder auftraten. Diese Phänomene sind wie Grüße aus der anderen Welt, die uns Tür und Tor öffnen.

Wenn man so etwas anderen erzählt, die sich mit derlei noch nicht auseinandergesetzt haben, stößt man nicht selten auf Unverständnis oder gar Zurückweisung, was die Vorsicht der Betreffenden in der Gruppe zum Teil erklären mag.

Das Erlebnis war dennoch auch für mich so prägend, dass es zum Leitfaden meiner Entwicklung wurde. Vor allem seit ich in der Lage bin, meine Nahtoderfahrung in den Alltag zu integrieren. Auch wenn ich mein Erlebnis zunächst nicht als solches wahrgenommen hatte, waren seine Begleiterscheinungen besonders für mein soziales Umfeld nicht zu übersehen. Natürlich deutete man sie nicht als die folgerichtige Konsequenz eines außergewöhnlichen Erlebnisses, sondern es war die Eigenartigkeit meines Verhaltens, meines Denkens und meines Fühlens, die im Ganzen indifferent wahrgenommen wurde.

Mein Hintergrund

Ich musste mit alldem erst einmal zurechtkommen und war dabei selbst mein größter Kritiker. Konnte das alles wahr gewesen sein? Ich machte mich auf die Suche und überprüfte meine Erinnerungen. Waren da etwa zu viele Bäume, die mir den Blick auf den Wald verwehrten? Wurde meine Operation wirklich »gefilmt«? Was haben die ganzen Zusammenhänge zu bedeuten? Was wäre aus mir geworden, wenn ich diese Erfahrung nicht gemacht hätte? Zu dieser letzten Frage habe ich heute eine klare Antwort: Mein Leben wäre um vieles ärmer. Und die formalen Fragen waren schnell geklärt. Was aber hat es mit der Bedeutung dieses Geschehens auf sich?

Wer könnte wohl bessere Antworten auf derlei Fragen geben als die Religionen dieser Welt?, dachte ich mir. Also setzte ich meine Suche erst einmal hier fort.

Es gab ganz wenige Menschen, mit denen ich ernsthaft über meine Erfahrung reden konnte. Entweder wurde ich schnell abgefertigt, oder ich traf auf pseudoesoterisches Gedankengut, mit dem ich mich nicht identifizieren konnte und wollte. Mir blieb gar nichts anderes übrig, als auf meine Gefühle zu hören, und ich las buddhistische Schriften, beschäftigte mich mit dem Sufismus, nahm mir den Schamanismus vor und landete schließlich wieder bei meinem eigenen religiösen Kulturkreis, dem Christentum. Nicht, weil ich die anderen Religionen für falsch hielt, sondern weil ich der festen Überzeugung bin, dass nichts auf dieser Welt ohne Grund geschieht. So auch, dass ich in diesen Kulturkreis hineingeboren worden bin.

Wie wir im Westen mit uns selbst umgehen, hat in aller Regel wenig zu tun mit einem spirituellen Leben, und auch die Religionen sind nur Erklärungsmodelle der archaischen und natürlichen Prozesse, die unser geistiges Fassungsvermögen übersteigen. Für Nahtoderfahrene können Religionen ein geistiger Rahmen sein, um ihr Erlebnis in den Alltag zu integrieren. Auf das Thema »Religion« komme ich aber noch mal ausführlicher im Kapitel »Spiritualität und Mystik« zu sprechen.

Unsere Wahrnehmung hält sich nicht an Grenzen, während unser Bedürfnis nach Kontrolle ein abgestecktes und vernünftiges Terrain der Sinne verlangt. Es kommt nicht von ungefähr, dass besonders die Menschen über die Grenzen der alltäglichen Wahrnehmung hinausgehen, die in ihrem Leben wenig Ablenkung haben. Das heißt, die Reizüberflutung nötigt uns immer mehr, den Überblick zu wahren. Durch Stille und dadurch, dass wir unsere Aufmerksamkeit nach innen richten, öffnen wir uns einer Welt, die uns in der Verwirrung des Alltags verborgen bleibt. Erst wenn wir uns durch Stille öffnen, bekommen wir einen Eindruck vom Teufelskreis, in dem wir normalerweise leben.

Ich habe die Vermutung, dass es sich bei Nahtoderfahrungen nicht anders verhält. Die äußerlichen Sinne sind für die Zeit der Reise, aus welchen Gründen auch immer, ausgeschaltet, und wir haben dann die Möglichkeit, andere Welten zu betreten, die uns für ein Leben mit Herz *und* Verstand sensibel machen. In allen Kulturen gibt es Praktiken, die uns diese Erkenntnis ermöglichen, wie Meditation, Gebet, Kontemplation oder andere Arten der Konzentration.

Wer der anderen Welt einmal einen Besuch abgestattet hat, sieht die diesseitige Welt mit anderen Augen. Die Reise wird zwar von jedem anders erlebt, das Ziel ist aber immer das gleiche, auch wenn die Routen ganz verschieden sind. Mit der Rückkehr prallen zwei Welten aufeinander. Irgendwann hatte auch mich der Alltag wieder eingeholt, und die Eindrücke meiner Reise konkurrierten mit den Paradigmen der alten mir bekannten Welt. In diesem verwirrten und desorientierten Zustand habe ich versucht, mein Erlebnis irgendwie einzuordnen und damit umzugehen.

Mein Alltag war vor der Nahtoderfahrung in relativ festen Bahnen verlaufen. Dementsprechend hatte ich eine klare Vorstellung davon, was mein Leben war und wie es weiter verlaufen sollte. Dieses Bild war das Ergebnis meiner Entwicklung. Es vermittelte mir einen festen Rahmen. Mit den internalisierten elterlichen Überzeugungen und den eigenen Erfahrungen hatte meine Existenz für mich einen gewissen Wert.

Über die Qualität ließe sich im Nachhinein streiten. Ich kannte aber noch keine Alternativen. Alles, was ich tat, dachte und fühlte, war Bestandteil meiner seinerzeitigen Persönlichkeit, und ich wertete die äußeren Einflüsse, sodass alles gemäß meinen verinnerlichten Wertmaßstäben seinen Platz zugewiesen bekam. Ich hatte Erwartungen, Wünsche und Bedürfnisse, doch meine Moral und meine Ethik zeigten mir meine Grenzen. Dies alles schien bis dahin nicht zu erschüttern zu sein.

Mein Nahtoderlebnis zwang mich, neu über meine geistig-moralische Orientierung und meinen Lebensstil nachzudenken. Wie von Geisterhand geführt, schlug ich eine neue Richtung ein. Unvermittelt hatte ich es plötzlich mit zwei völlig unterschiedlichen Wertesystemen zu tun. Das eine sagte mir:

> »Mach deinen Job, verdien dein Geld und sorg für die Zukunft, fall nicht aus den Rahmen und sieh zu, dass man mit dir zufrieden ist. Auch wenn dir mal was nicht passt, so denk immer an deinen guten Ruf und sei kein Querulant. Halt mit deiner Meinung hinterm Berg, es ist nicht wichtig, was du denkst.«

Die neue Erfahrung wollte etwas ganz anderes von mir:

> »Lebe dein Leben so, dass du wirklich zufrieden bist, kümmre dich nicht über Gebühr um die Zukunft, es wird für dich gesorgt. Denk immer daran, dass du im Leben eine Aufgabe hast. Die Liebe ist das höchste Gut, und Frieden ist der Zustand, nach dem wir uns alle sehnen. Dein Verhalten wird auf dich zurückkommen. Nicht weil es dich strafen möchte, sondern es zeigt dir, wo du stehst. Jede Begegnung ist wichtig. Alles, was dir widerfährt, hat einen Sinn. Versuch das zu erkennen, und du wirst dich besser fühlen.«

Auch wenn mir das nicht immer gelingt, versuche ich mein Leben nach meiner Erfahrung und nach den Konsequenzen einzurichten, die daraus folgen. Ich erkannte relativ schnell mein überangepasstes Verhalten, was mich für viele zu einem Spielball gemacht hatte. Später sagte mir einmal eine sehr kranke Frau, die heute noch mit den Folgen eines Autounfalls kämpft: »Früher wurde ich gelebt, und heute lebe ich selbst!« Diese Wandlung vollzog auch ich. Natürlich hatte ich nach meinem Muster gelebt, sodass meine Lebensidee immer wieder bestätigt zu werden schien. Was ich tat, sollte schließlich »richtig« sein. Heute gibt es für mich ein Urteil in so engem Rahmen nicht mehr. Denn die Kategorien »Richtig« und »Falsch«, wie wir sie mit unserem jeweils begrenzten Blickfeld unterschiedlich verstehen, machen in einem kosmischen Bewusstsein wenig Sinn.

Desorientierung als Folge

Wenn man Nahtoderfahrungen skeptisch und misstrauisch gegenübersteht, so kann ich das gut nachvollziehen, zumal auch ich zunächst ungläubig damit umging, obwohl ich selbst davon betroffen war. Und stoßen dann die beiden Welten aufeinander und finden wir nach einer Nahtoderfahrung keine entsprechende Resonanz, sondern gar keine oder eher noch eine kontraproduktive Reaktion in unserem Umfeld, können wir unweigerlich desorientiert werden, und das umso mehr, sofern selbst die eigene Familie sich nicht dafür öffnet:

»Seit meinem Erleben verstehe ich die Welt nicht mehr. Sicher war ich vorher nicht anders. Aber jetzt kann ich einfach nicht mehr so weiterleben. Ich habe noch niemandem davon erzählt. Ich will ja nicht für verrückt gehalten werden. Aber was soll ich tun?

Ich weiß nun, dass ich im Leben eine Aufgabe habe. Mir wurde gesagt, meine Zeit sei noch nicht vorüber. Offensichtlich habe ich noch etwas zu lernen. Für einen Moment war ich traurig, als ich das hörte, denn von dort, wo ich war, wollte ich gar nicht mehr weg. Außerdem hatte ich niemanden, der auf mich wartete. Also warum sollte ich noch einmal zurückkehren?

Ich nahm die Aufgabe trotzdem an, auch wenn mir nicht ganz klar war, woraus sie bestand. Ich kehrte zurück in meinen Körper. Ich weiß bis heute noch nicht wie. Ich lag wieder in meinem Bett im Krankenhaus und hatte Schmerzen, die ich in dieser anderen Welt nicht mehr hatte.

Was sollte ich hier nur? Die andere Welt war voller Liebe. Niemand hat irgendetwas auch nur irgendwie verurteilt. Ich durfte einfach da sein. Ich hatte keine Schmerzen, keine negativen Gedanken. In unserer Welt ist alles so leidvoll. Niemandem wird etwas Gutes gegönnt.

Mir ist es mittlerweile egal, was ich besitze. Natürlich muss ich mein Geld verdienen. Schließlich will ich ja etwas essen und irgendwo wohnen. Viel wichtiger aber ist mir das Gefühl aus dieser anderen Welt. Da will ich wieder hin, auch wenn ich meine Aufgabe akzeptiert habe.

Ich war nicht immer gut zu anderen Menschen gewesen. Besonders meine Familie hatte unter mir gelitten. Ich sah dies wie in einem Film: blitzschnell, aber trotzdem klar und deutlich. Ich weiß jetzt, dass ich mich nicht gut verhalten habe. Ich kann nicht sagen, ich habe mich falsch verhalten. ›Richtig‹ und ›falsch‹ sind irdische Wörter. Alles hat einen Sinn.

Jeder steht einem anderen gegenüber. Niemand ist allein. Heute ist die Liebe mein Ratgeber. Ich höre weniger auf andere Menschen, gehe mehr nach meinem Gefühl. Aber ich merke, wie anders ich mich fühle. Damit geht es mir nicht wirklich gut.« (Martha)

Martha ist Mutter dreier Kinder. Auch sie sprach immer von einer Reise. Nachdem wir miteinander gesprochen hatten, fand sie den Mut, zumindest erst einmal zu Hause von ihrem Erlebnis zu berichten. Besonders die jüngste Tochter Julia hatte sich das Verhalten ihrer Mutter nach deren Klinikaufenthalt nicht mehr erklären können. Sie ging noch zur Schule, während die ältere Tochter und der Sohn das Haus bereits verlassen hatten, um zu studieren beziehungsweise zu arbeiten. Natürlich war der Jüngsten aufgefallen, dass ihre Mutter irgendwie verändert war, doch sie hatte das auf deren Krankheit zurückgeführt. Wenigstens war dies ein zaghafter Versuch, es zu erklären. Im Nachhinein stellte sich ihr diese Deutung eher als Hilflosigkeit dar, da sie bereits etwas anderes dahinter vermutet hatte … Auf eine Nahtoderfahrung wäre sie freilich nicht gekommen. Auch sie hatte bis dahin noch nie etwas davon gehört, geschweige denn darüber gelesen.

Mit siebzehn Jahren stand Julia diesem Thema dann aufgeschlossen gegenüber. Bis dahin waren knapp zwei Jahre seit der Veränderung ihrer Mutter vergangen, für sie eine Zeit voller Merkwürdigkeiten:

> »Meine Mutter hatte früher immer viel Wert auf meine schulische Ausbildung gelegt. Immerhin legten meine Geschwister vor. Mein älterer Bruder studiert, meine Schwester ist beruflich oft im Ausland. Ich konnte in der Schule gar nicht gut genug sein. Mit meiner Mutter im Rücken eine Tortur. Ständig am Meckern. Mein Vater hielt sich aus allem raus. Kunststück, er war ja auch nie da. Der war irgendwie mit seiner Firma verheiratet. Manchmal hatte ich das Gefühl, ohne die Schule würde es meiner Mutter ziemlich langweilig werden.
>
> Dann wurde sie krank und kippte eines Tages in der Küche um. Zum Glück war die Terrassentür offen, und die Nachbarn hörten das Geschepper der Töpfe, die sie mit zu Boden riss. Sie hatte einen Schlaganfall. ›Kein Wunder‹, dachte ich in einer ersten Reaktion, ›wenn man immer so viel Aufhebens um nichts machte.‹ Als ich sie dann so daliegen sah, tat sie mir wieder leid.
>
> Nach dem Krankenhausaufenthalt kam sie gleich auf Reha. Schon dort schaute sie mich so seltsam an. Irgendwie

war sie anders. Die Reha tat ihr gut. Als sie wieder zu Hause ankommen sollte, dachte ich, nun finge der ganze Stress wieder an: ›Hast du deine Hausaufgaben gemacht? Wie läuft die Schule? Lernst du auch genug? Schaffst du das Abitur?‹

Ich war keine brillante Schülerin, aber gut genug, dass sie sich keine Sorgen zu machen brauchte. Außerdem war es damals noch eine ganze Weile hin bis zum Schulabschluss.

Das erwartete Verhalten blieb aber aus. Dass meine Mutter anders war, konnte man nicht übersehen. Sie war viel weniger hektisch. Und vorher das reinste Nervenbündel, zeigte sie für die Schule überhaupt kein Interesse mehr.

Stimmt nicht ganz, wenn ich mir das recht überlege. Sie fragte nun nicht mehr nach den Noten, sondern nach meinen Klassenkameraden. Ob ich sie auch gut behandle und wie ich mit den Lehrern umgehe. Und sie hat mich das erste Mal gefragt, was ich denn einmal werden wolle, denn es sei wichtig, seine Aufgabe zu finden.

Ich verstand die Welt nicht mehr und fand meine Mutter ziemlich komisch. Ich hatte fast Angst vor ihr und mied sie am Anfang, wo ich nur konnte. Als ich merkte, dass sie so blieb, kam ich wieder öfter auf sie zu. Meine neue Mutter, so komisch sie auch war, gefiel mir dann doch irgendwie besser als die alte.«

Die Nachwirkungen der Erfahrung: Wer bin ich?

»Der Schlüssel zu Sinn und Bedeutung von Nahtoderfahrungen liegt in ihren Nachwirkungen.«
Kenneth Ring

Um Nahtoderfahrungen wirklich verstehen zu können, müssen wir uns dem Psychologieprofessor Kenneth Ring zufolge mit ihren »Nachwirkungen« beschäftigen. Dies schrieb er in seinem Buch *Den Tod erfahren – das Leben gewinnen*[20]. Schauen wir uns nun die »Nachwirkungen« einer Nahtoderfahrung etwas näher an und welche Herausforderungen dadurch entstehen können.

Janine haben wir schon kennengelernt. Sie verlor während Blutungen in der Schwangerschaft ihr Kind und musste sowohl mit ihrer Trauer als auch mit ihrer Nahtoderfahrung fertigwerden:

> »Die eineinhalb Jahre danach waren sehr schmerzhaft. Alles war da. Sowohl die Trauer um den Verlust meines Kindes als auch der Frieden und die erlebte Liebe. Trotzdem war ich traumatisiert und begab mich in psychologische Behandlung.
>
> Dort erzählte ich meiner Therapeutin viel von meiner Nahtoderfahrung, vom Sterben und vom Tod. Daraufhin wurde mir eine Suizidgefährdung unterstellt: Ich wollte meinem Sohn nachfolgen, und meine Persönlichkeit hätte

sich durch das Ereignis stark verändert. In mir bemerkte ich aber etwas anderes.

Ich war nicht in der Lage, meine Nahtoderfahrung einzuordnen, und ich konnte auch mit niemandem darüber reden. Die Leute wollten es alle nicht hören. Es wurde als Fantasie abgetan, und sie sagten, ich solle doch damit aufhören und froh sein, dass ich noch lebe.

So nach und nach kam ich selbst drauf. Eigentlich wünschte ich mir eine Begleitung und Unterstützung, weil ich mir sehr verloren vorkam. Auf der einen Seite wollte ich wieder in diese tiefe Erfahrung zurück, in dieses Gefühl, zu Hause angekommen zu sein. Das war es eben, was meine Therapeutin als Suizidgefährdung sah. Auf der anderen Seite konnte ich mit dem, wie ich in dieser Welt war, überhaupt nicht mehr sein. Ich passte nicht mehr in diese wohlstrukturierte Welt. Es klappte alles nicht mehr.

Ich hatte das Gefühl, dazwischen zu hängen. Und für mich sehr frustrierend war, dass es offensichtlich niemanden gab, der Begleitung oder Unterstützung anbot. So dachte ich jedenfalls. Alle in meinem Umfeld waren ausgesprochen hilflos und wussten überhaupt nicht, was sie dazu sagen sollten.

Mit der Zeit war mein Gedankenkarussell, das, was andere über mich sagen und wie ich mich verhalten sollte, die Überlegung, was denn nun als Nächstes kam, irgendwie weg. Seitdem nehme ich die Welt viel intensiver wahr. Ich wurde stiller, viel stiller, und ich hatte das Gefühl, dass

> mein Ich so nicht mehr existierte. Jedenfalls nicht so, wie ich es kannte. Ich selbst nahm mich als eher unbedeutender wahr. Was ich heute noch ganz sicher weiß, ist, ich bin nicht dieser Körper – sicher nicht!«

Nahtoderfahrungen geben dem Leben eine neue Wende: »Nichts ist, wie es vorher einmal war« (Waltraud). Diese Neubelebung gilt als Bestätigung für die Glaubwürdigkeit. Dr. Jeffrey Long führt in seinem Buch *Beweise für ein Leben nach dem Tod* das veränderte Leben als »Beweis Nr. 9« an:

> »Wenn sich eine Nahtoderfahrung ereignet, dann ist sie im Allgemeinen völlig anders als alles, was sich die Betroffenen je vorgestellt haben. Wenn Betroffene ihre Erfahrung als ›nicht weltlich‹ beschreiben, untertreiben sie damit meist. Worte wie ›nicht weltlich‹ können nicht einmal ansatzweise eine Erfahrung erklären, bei der man aus seinem physischen Körper heraus in eine Welt geführt wird, wie sie in den Dutzenden von Berichten über Nahtoderfahrungen, die wir bisher vorgestellt haben, so lebendig beschrieben wird.«[21]

Wenn wir mit unseren Sinnen etwas ganz Neues wahrnehmen, vergleichen wir es zunächst mit altbekannten Erfahrungen. Wir ringen nach Begriffen und Worten, um auch für uns selbst eine innere Ordnung herzustellen. Bei Nahtoderfahrungen ist das so nicht möglich, weil wir kein vergleichbares

Erlebnis kennen. Die meisten Nahtoderfahrenen wussten zuvor nichts von der Möglichkeit, dass sich die Seele vom Körper lösen kann und dass wir auch dann noch in der Lage sind, etwas wahrzunehmen, wenn der Körper tot ist. Dadurch entstehen Probleme mit der Identifikation des eigenen Ichs: *Wer bin ich? Wer bin ich wirklich?* Die Orientierungslosigkeit beginnt in uns selbst.

Zuvor hatte ich mich mit meinem Körper identifiziert. Er war es, der ich war. Würde ich sterben, wäre ich dahin. Wohin, das wusste ich nicht. Heute ist mir klar, dass das so nicht zutrifft. Mein Körper trägt meine Seele, aber sie ist nicht von ihm abhängig. Ich werde auch dann weiterleben, wenn mein Körper gestorben ist. Wer also bin ich wirklich, und wie wirkt sich die neue Erkenntnis auf das Alltagsgeschehen aus?

Als ich aus meinem Körper ausgetreten war, spürte ich keine Schmerzen mehr. Meine Gefühle waren eher neutral. Irgendwie war es interessant, mir zuzuschauen. Die Zusammenhänge waren für mich sehr mysteriös. In welcher Welt lebe ich eigentlich? Was ich bisher über mich dachte, lag brach. Mit meinem bisherigen Bild von mir konnte ich nichts mehr anfangen. Ich musste mich neu erfinden. Ich musste mein Bild neu erschaffen, eine neue Sprache lernen und mich in Kreisen bewegen, die ich vorher gemieden habe. Aus meiner alten Welt würde ich keine Antworten bekommen.

Ich fühlte mich keineswegs als so etwas wie »auserkoren« oder besonders »berufen«. Eher das Gegenteil war der Fall.

Ich gehörte nirgends mehr dazu. Das großartige Ereignis wurde zu meinem größten Problem. Bevor mir meine Wandlung bewusst wurde, hatte ich einige Hindernisse zu überwinden, die mich so manchmal an den Rand der Verzweiflung brachten. Gern hätte ich mich ausgetauscht und mit anderen darüber gesprochen. Ein paarmal hatte ich das auch ansatzweise versucht. Nach einigen abwertenden Bemerkungen gab ich schließlich auf. Ich weiß nicht, was passiert wäre, hätte Dr. Eibl nicht aus eigenen Stücken begonnen, mir seine Erfahrung mitzuteilen. Auch das war im Nachhinein betrachtet für mich schon ein kleines Wunder.

Freilich bleibt eine innere Orientierungslosigkeit der Außenwelt nicht verborgen. Dies können wir in der Begegnung mit unseren Mitmenschen nicht vermeiden. Bei solchen Veränderungen fragen sie sich nach einem Grund. Wie aber sollen wir anderen eine Jenseitsreise erklären? Wie soll ich diese Eindrücke halbwegs verständlich begründen?

Hinter die Kulissen schauen

Wenn ich anderen Menschen begegne, habe ich zudem fast immer das Gefühl, hinter die Kulissen zu sehen. Am Anfang war das für mich schwierig, wenn ich feststellte, dass das eigentliche Motiv des Gegenübers in einem Gespräch mit dem, was der Betreffende sagte, nicht übereinstimmte. Wenn ich merkte, dass ich oder andere aus egoistischen Gründen manipuliert werden sollten, stimmte mich das traurig oder ärgerlich. Abgesehen davon, dass man andere grundsätzlich nicht verletzen sollte, kommen wir mit uns selbst nicht in Kontakt, wenn wir uns gegenseitig hinters Licht führen.

Mir ist das, was hinter der Fassade geschieht, viel wichtiger als das, was das gesprochene Wort vorgibt. Häufig sagen wir nämlich nicht, was wir wirklich meinen. Vielleicht ist das in dieser Welt auch nicht verwunderlich, und es ist aus reinem Selbsterhaltungstrieb sicher besser, bis zu einem gewissen Grad einfach mitzuspielen. Andererseits könnte unser Miteinander auch mehr Fürsorge vertragen. Damit hätten wir die Chance, ehrlicher mit uns selbst und anderen umzugehen.

Was der Teufelskreis an Gedanken, Gefühlen und Taten hervorbringt, kennzeichnet die Motive der Handlungen, und damit sind sie auch hinter der Sprache versteckt. Im Alltag lassen wir uns aber von unseren Worten blenden. Wir schauen nicht immer hinter die Kulissen auf die wirklichen Motive, die dahinterstehen. Im Jenseits allerdings hat das Motiv im Umgang miteinander einen sehr hohen Stellenwert. Diese andere Art der Kommunikation habe ich in unsere diesseitige Welt mitgebracht, was mir einige Schwierigkeiten einbrachte. Und auch heute muss ich noch sehr darauf achten, Sprache und Motiv zu differenzieren, wenn es abzuwägen gilt, das auszusprechen, was ich denke.

Melancholie

Für die Psyche bedeutet der Mangel an Orientierung im Leben eine außerordentlich instabile emotionale Phase, die zu unterschiedlichen Reaktionen und Konsequenzen führen kann. Es kommt nun sehr darauf an, wie gefestigt jemand vor seiner Nahtoderfahrung war und wie sein soziales Umfeld auf die Veränderungen reagiert. Weil diese Erfahrung ein fixer Bestandteil der Persönlichkeit wird, ist es für die Betreffenden wichtig, auch dann vom Umfeld akzeptiert zu werden, wenn die Gründe für ihr verändertes Verhalten von den anderen nicht nachvollziehbar sind.

Psychisch instabile Phasen sind wohl jedem Menschen bekannt. Dabei gerät die Vorstellung vom Ich vorübergehend durcheinander, und in aller Regel gelingt eine Stabilisierung mehr oder weniger unproblematisch. Vor allem dann, wenn das soziale Umfeld entsprechend präsent ist und Wertschätzung zeigt. Normalerweise handelt es sich dabei aber nicht um gravierende Veränderungen, sondern geringfügige psychische Beeinträchtigungen, und man wird bald wieder zu einem funktionierenden Teil des Systems. Wenn Sie beispielsweise Ihren Job verlieren, ist eine psychische Tieflage durchaus normal. Sind Sie stabil, wird es Sie aber nicht wirklich aus der Bahn werfen. Sie machen sich auf die Suche nach einer neuen Beschäftigung und sehen zu, dass Sie die Zwischenzeit gut über die Bühne bringen. Nach einer Nahtoderfahrung jedoch stellt sich zunächst gar nicht die

Frage, was zu tun ist, sondern wer wir überhaupt sind. Dabei haben wir es meist mit Unsicherheiten und mit einem ängstlichen Gefühl zu tun.

Um mir mehr Klarheit zu verschaffen, trat ich in Kontakt mit Heilern und Schamanen anderer Völker, um zu sehen, wie andere Kulturen mit derartigen Gefühlen und mit einem solchen Bewusstsein umgehen. Einer von ihnen erzählte mir:

»Als Kind erkrankte ich an Tuberkulose, die sich sehr schwer entwickelte. Ich war mehrere Monate im Krankenhaus. Einmal wurde ich ohnmächtig und sah dann zwei Lichter, ein großes und ein kleines Licht. Das kleine Licht war dem großen Licht wahrscheinlich untergeordnet. Ich wollte unbedingt zu dem großen Licht, musste dabei am kleinen vorbei. Ich durfte mit dem großen Licht gar nicht reden. Warum nicht? War ich nicht groß genug oder es nicht wert? Dieses Gefühl verfolgte mich noch lange Zeit.

Meine Familie war in tiefer Trauer und sehr besorgt. Ich lag im Sterben. Als ich diese Lichter sah, fühlte ich mich geborgen und zu Hause, auch wenn ich lange Zeit nicht verstand, wie es sich mit den Lichtern verhielt.

Dann machte ich mir um mich ernsthafte Sorgen. Nicht weil ich an diesem Ort war, sondern deshalb, weil ich nicht bleiben durfte. Danach kam ich wieder hierher zurück.« (Anaangaq)

Umfangreiche Untersuchungen, die den interkulturellen Charakter von Nahtoderfahrungen bestätigen, berichten, dass diese Erlebnisse auch bei anderen nicht westlichen Völkern seelische Probleme bereiten können. Auch dann, wenn sie ein entspanntes Verhältnis zum Jenseits haben.

Womöglich hätte Anaangaq die Interpretation der Lichter in einem christlichen Kontext weniger Probleme bereitet, denn ein kleines und ein großes Licht wurden mir schon als Symbole für Jesus und Gott beschrieben. Angaangaq ist ein Ältester der Kalaallit, Schamane, Heiler und Träger der Qilaut, der Windtrommel. Derzeit ist er engagiert, ein Zentrum in Grönland zu errichten, in dem traditionelle Heilmethoden und moderne Medizin gemeinsam für das Wohl der Menschen sorgen können.

Weil die Persönlichkeit von Kindern noch in der Entwicklung ist und die gesellschaftlichen Überzeugungen noch wenig etabliert, haben sie meist weniger psychische und Akzeptanzprobleme mit ihrem spirituellen Erlebnis, zumal sie magische Begegnungen und Momente nicht von vornherein anzweifeln. Paul Meek, ein bekanntes Medium, erzählt im Interview:

> »Meine Nahtoderfahrung ist lange her. Ich war ein Kind von neun oder zehn Jahren. Für mich war alles wunderschön. Ich habe das heute immer noch in Erinnerung. Ich habe das heute immer noch in mir. Für mich war alles gut. Aber ich muss dazu sagen, dass ich schon vorher die andere

Welt gesehen hatte. Vielleicht war ich durch die medialen Visionen davor schon vorbereitet. Möglicherweise bin ich deshalb nicht so erschrocken.

Als Kind erlebt man das grundsätzlich anders als ein Erwachsener. Ich denke, wenn ich das als Erwachsener erlebt hätte, wäre es mehr ein Trauma geworden. Aber als Kind habe ich das nicht so empfunden. Ganz ehrlich, denn ich wusste nicht, was Sterben eigentlich war.

Ich war damals sehr krank und hatte eine Meningitis, wie später festgestellt wurde. Zunächst brachte mich meine Mutter zum Arzt, der eine Grippe feststellte. Zu Hause ging es mir schlechter und schlechter. Ich hatte Fieber, konnte den Kopf kaum bewegen und am Ende fast nichts mehr sehen. Mir ging es ganz, ganz schlecht. Dann rief meine Mutter den Notarzt an. Der wollte erst nicht kommen, weil es viel Schnee geben würde. Es ist doch nur eine Grippe. Dann ging meine Mutter zur Nachbarin, die ihr riet, doch einen anderen Arzt anzurufen. Der stellte dann eine Meningitis fest. Da war es fast schon zu spät. Wir wohnten in einem kleinen Ort, wo das Krankenhaus ein paar Stunden weg war, und es war tiefer Winter.

Im Krankenwagen, der dann doch noch kam, hatte ich mein Nahtoderlebnis. In der Ambulanz, im Krankenwagen, war ich dann nicht mehr in meinem Körper … Im Krankenhaus selbst habe ich dann einen Tunnel und ein Licht gesehen. Diesen Tunnel bin ich hindurchgegangen, aber nicht ganz bis zum Ende. Und dann habe ich eine Stimme gehört.

Diese Stimme sagte: ›Ich bin bei dir.‹

Ich habe gefragt: ›Wer bist du?‹

Und die Stimme sagte mir, sie sei meine Schwester. Aber ich habe keine Schwester gehabt.

Plötzlich kamen die Gedanken, ich sollte nachschauen. Ich wollte in diesem Tunnel weitergehen. Ich wollte zum Licht. Kurz davor bin ich zurückgekommen und habe meine Eltern gesehen. In dieser Sekunde dachte ich, ich kann ihnen das nicht antun. Dann war ich wieder da.

Ein Jahr später fragte ich meine Mutter zögerlich nach meiner Schwester: Ich habe doch keine Schwester im Jenseits, oder? Meine Mutter sagte dann: ›Ja, doch!‹ Sie hatten noch eine Tochter, die mit sechs Monaten gestorben war. Meiner Mutter tat das so weh, dass sie nie darüber sprach.«

Der Weg, die Persönlichkeit neu zu »sortieren«, ist ein langer, zumal eine Nahtoderfahrung alle Bereiche des Lebens beeinflusst. Alles muss mit den neuen Erfahrungen in Einklang gebracht und in den Alltag integriert werden. Dies gelingt nicht immer, doch die meisten spüren, dass dieser Weg offensichtlich sinnvoll ist:

»Es muss schon einen Grund haben, warum ich nicht gestorben bin. Ich muss mich meiner Aufgabe stellen!« (Ralf)

In der Literatur werden die Konsequenzen von Nahtoderfahrungen meist als glückseliger Moment beschrieben und das

Leben danach als eine positive Wandlung. Das ist aber nur dann der Fall, wenn die Herausforderungen auf den Weg dahin gemeistert werden und die Erfahrenen in der Lage sind, ihre neue Sicht auf das Leben in das Hier und Jetzt zu übertragen. Viele haben zunächst Probleme damit und geraten in Melancholie, wie ein Erfahrener im Interview zugab:

> »Langsam trägt es Früchte, was ich schon so lange mit mir herumschleppe. Auf eine Art und Weise, wie ich es mir nie, nie hätte vorstellen können. An körperlichen Symptomen blieb natürlich meine Zuckerkrankheit, die ich, wie ich es im Nachhinein sehe, für mich brauche, um auch einmal eine Pause machen zu können. Damit gebe ich mir die Legitimation, auch öfter einmal nichts zu tun.
>
> Ich dachte, durch meine Nahtoderfahrung ändert sich mein Leben komplett. Dem war eben nicht so. Im Gegenteil. Ich habe wieder in den Körper zurückgemusst, was ich eigentlich nicht mehr wollte. Ich sage einmal zu diesem Zeitpunkt … Ich habe mir ja nur über Leistung Selbstbewusstsein geben können. Wenn das dann nicht mehr funktioniert, weil der Körper nicht mehr mitmacht, dann bricht auch wieder eine Welt zusammen. Dann kam wieder eine Depression, die über ein Jahr dauerte.«

Auch Ruth versuchte damals, ihr Erlebnis mitzuteilen, litt aber sehr darunter, dass ihre Schwester – die es eigentlich hätte besser wissen müssen – sie nicht ernst nahm und verspottete:

»Wenn ich das heute erzähle, ist es immer noch wie ein Stich in mein Herz. Immerhin war sie für mich eine Mutterfigur. Wir hatten ja keine Eltern mehr. Dass gerade meine Schwester so etwas sagte, hat mich schwer verletzt.

Meine Schwester war zehn Jahre zuvor klinisch tot gewesen. Eigentlich hätte sie mich verstehen müssen. Die Ärzte wollten unbedingt wissen, was mit ihr damals war, und waren entschlossen, in sie hineinzusehen. In einem scheinbar bewusstlosen Zustand hörte sie die Schwester sagen, sie benötige keine Narkose dafür. Sie hat alles gehört, was die Ärzte und Schwestern sagten. Trotzdem wollte sie eigentlich über solche Dinge nicht reden. Sie lässt sich auch nicht in die Psyche schauen.

Wenn mich etwas plagt, möchte ich wissen, was das ist. Sie ist da ein ganz anderer Typ. Von meiner Erfahrung wollte sie trotz ihres eigenen Erlebnisses nichts wissen. Es gab sehr viele Verletzungen, weil ich darüber redete, und später habe ich nicht mehr darüber gesprochen.

Ich habe mich sehr verändert. Mein Mann wollte keine Kinder mehr, wollte ›leben‹, für Autos und Geld. Ich konnte so aber nicht mehr leben. Schließlich musste die Ehe auseinandergehen. Das Materielle hatte keinen Wert mehr für mich, war nicht mehr wichtig. Ich habe mit meiner Erfahrung gelernt, dass das im Leben nicht wirklich zählt. Es ist dieses Gefühl, das ich erlebt hatte. Das Leben ist etwas ganz anderes.

Ich lebe heute tiefer und führe ganz andere Gespräche. Das macht mir auch jetzt noch Schwierigkeiten. Wenn es in Gesprächen zu oberflächlich wird, dann fühle ich mich nicht mehr wohl und würde am liebsten flüchten. Ich mache dabei wenig Kompromisse.

Ich lebe noch allein, und das sehr gut. Mir ging es im Laufe der Zeit immer besser. Vorher dachte ich immer wieder einmal, wie schlimm alles ist; und jetzt, danach, kann ich sagen, mir ist es noch nie so gut gegangen.

Ich glaube, es ist dieses Licht, dieser Funke, der mir letzten Endes dann doch immer wieder gezeigt hat, dass es sich lohnt, meinen Weg zu gehen, auch wenn er schwierig ist. Trotz aller Unbill hatte ich mich immer geführt gefühlt.

Natürlich war aber die Diskrepanz zwischen dem diesseitigen Leben und dem friedvollen Lichterlebnis für mich bedrohend. Manchmal wusste ich nicht, wie es weitergehen soll, ob ich das alles schaffe.

Ich bin danach noch einmal eine Beziehung eingegangen. Auch da habe ich ganz ja gesagt und nach einer Zeit bemerkt, ich bekomme hier nicht meinen Platz, und ich musste nach einem Jahr auch wieder gehen. Mein Leben war ohnehin sehr schwierig. Die ganze Erfahrung hat es gebraucht, um die Beziehung zu meinem Mann aufzuarbeiten. Wir waren beide neurotische junge Leute, die nicht wussten, wie das Leben funktioniert.«

Bei solchen depressiven Phasen handelt es sich um spirituelle Krisen, wie sie etwa Tanja Scagnetti-Feurer in ihrem Buch *Religiöse Visionen* beschreibt:

> »Als spirituelle Krisen werden besondere Bewusstseinsphänomene bezeichnet, die mit einer tiefgreifenden psychologischen Transformation verbunden sind, die als schwierig und beanspruchend erlebt wird. Es handelt sich dabei um ein Hereinbrechen unbekannter Bewusstseinsinhalte, die als spirituell verstanden werden können.«[22]

Von einer Krise sprechen wir aber erst dann, wenn sich die Schwierigkeiten etablieren und die Herausforderung nicht erkannt wird.

Egozentrische Spiritualität

Es wäre leicht nachvollziehbar, dass wir mit einem solch außergewöhnlichen Erlebnis auch über die Stränge schlagen könnten und mit missionarischem Eifer durch die Lande zögen. Dabei ist das Gefühl, so etwas wie »auserwählt« zu sein, sicher nicht mehr fern. Mir selbst sind allerdings nur wenige Menschen begegnet, die so mit ihrer Nahtoderfahrung umgehen.

In aller Regel empfinden sich Nahtoderfahrene nicht als besondere Menschen, auch wenn sie ihr Erlebnis als außergewöhnliches Geschenk betrachten. Dieses Geschenk besteht aus Erfahrungen und Erkenntnissen und gelegentlich auch außergewöhnlichen Fähigkeiten. Nahtoderfahrungen sind keine Zustände der Erleuchtung, und wir können auch nicht von Auferstehungs- oder Erweckungserlebnissen sprechen. Sie werden nicht auf dem Weg einer bewussten Suche nach religiösen oder spirituellen Erkenntnissen erlebt. Eine Nahtoderfahrung ist wie gesagt kein angestrebtes Geschehen. Eine Folge von Nahtoderfahrungen sind Erkenntnisse über die eigene Natur und das Leben. Damit wird der Integrationsprozess zu einem geistigen und spirituellen Weg, auf dem wir die neuen Erfahrungen in die Persönlichkeit integrieren können. Erst dann haben sie einen transformatorischen Wert. Geschieht dies nicht, kann sich das Ego in den Vordergrund stellen, und das eigentliche Erlebnis tritt zurück. Dies vollzieht sich analog zu den erwähnten Schwierigkeiten bei der Verinnerlichung spiritueller Erlebnisse:

> »Die entstehende Dynamik der Selbsttäuschung führt dazu, dass wir nach dem Verlust einer spirituellen Erfahrung nicht zugeben können, dass wir die Offenheit verloren haben und die Erfahrung nicht mehr unmittelbar zugänglich ist. In diesem Stadium beginnen wir Geschichten zu erzählen. Die Geschichten über spirituelle Erfahrungen sind sehr lebendig und unterhaltsam und täuschen über den Schmerz hinweg, der dadurch entstehen mag, dass die Erfahrung nicht mehr erlebt wird und verloren ist. Das Erzählen von

> Geschichten und damit die an sich tote Erinnerung an das einst tiefe Erlebnis ersetzt die Erfahrung von Offenheit, die eigentlich für den spirituellen Weg zentral wäre, aber auch ein Loslassen von früheren Erfahrungen bedeuten würde. Dieses Festhalten an vergangenen Erfahrungen und der Versuch, sie ständig neu zu beleben und zu erschaffen, ist die Dynamik der Selbsttäuschung, die hier entsteht.«[23]

Was bedeutet das in unserem Fall? Mancher von uns leidet an mangelndem Selbstbewusstsein, fühlt sich wenig beachtet, minderwertig oder führt ein Leben im Schatten der anderen. Eine Nahtoderfahrung enthält ein großes Potenzial an spirituellen Erkenntnissen und impliziert auch die Möglichkeit, diese zum Aufpolieren des eigenen Selbstwertgefühls einzusetzen. Dabei besteht bei etwas labileren Persönlichkeiten die Gefahr, sich darin mit egoistischen Motiven zu verlieren. Die Erfahrung wird durch das Ego verdrängt und fordert immer mehr Aufmerksamkeit. Dann werden Geschichten erzählt, blumige Visionen zum Besten gegeben. Es geht nicht mehr um das Erlebnis an sich, sondern es wird auf die Ausschmückung der eigenen Persönlichkeit reduziert. So missbraucht wird eine Nahtoderfahrung zur Dekoration und hat allenfalls noch Unterhaltungswert.

Wie gesagt: In aller Regel fühlen sich Nahtoderfahrene aber nicht als »besondere Menschen«. Sie erheben für sich nicht den Anspruch der Exklusivität. Beim seriösen Umgang wird darauf immer wieder hingewiesen. Insofern ist diese

Art von egoistischer Spiritualität ein nicht überwundenes Hindernis auf dem Weg zur spirituellen Integration.

Magische Welt

Haben wir die ersten Hindernisse überwunden und einen Weg gefunden, Jenseits und Diesseits in unserem Bewusstsein in Einklang zu bringen, oder zumindest die ersten Schritte in dieser Richtung getan, so entwickelt sich eine Nahtoderfahrung trotz anfänglicher Schwierigkeiten für uns zum Trost und Geschenk. Während des Erlebnisses in der jenseitigen Welt sind diese Herausforderungen noch nicht zu erahnen. Erst in seiner Folge macht sich das gesamte Spektrum der Erfahrung bemerkbar.

Viele Nahtoderfahrene berichten auch von Fähigkeiten, die sie zuvor entweder nicht an sich wahrgenommen oder die sie erst danach entwickelt hatten. Paranormale Fähigkeiten sind Gaben, die den naturwissenschaftlichen Rahmen sprengen und nicht erklärbar sind. So ist nach einer Nahtoderfahrung insgesamt eine eklatante Zunahme dieser Phänomene zu verzeichnen. Dabei sprechen wir von prophetischen Zeugnissen, Hellsehen, weiteren Begegnungen mit Verstorbenen und überhaupt von einer gesteigerten Intuition:

> »Mir passiert es immer wieder, dass ich anderen begegne und mir dabei das in den Sinn kommt, was passieren wird.

Mich macht das sehr unsicher, weil ich manchmal nicht weiß, wie ich damit umgehen soll. Gerade bei schlimmen Vorahnungen komme ich in Konflikte.« (Veronika)

Unser lineares Denken schließt solche unlogischen und nicht verstandesmäßig erklärbaren Zusammenhänge aus. Was dennoch bleibt, sind die unbezweifelbar vielen intuitiven Informationen, deren Ursprung wir nicht in der schlüssigen Welt finden. Viele Künstler, aber auch Wissenschaftler profitieren von diesem Phänomen der akausalen Eingebungen, weil sie ein Maximum an Kreativität bieten. Auf der Suche nach den plausiblen Zusammenhängen ergeben sich folgerichtig Fragen, die anhand des aktuellen wissenschaftstheoretischen Paradigmas nicht zu beantworten sind.

In den spirituellen Traditionen wird oft von einer Art »Hyperraum« gesprochen, in dem alle erdenklichen Informationen vorhanden sind. Es soll sich dabei um ein koordinierendes Superbewusstsein handeln, auf das wir im Bedarfsfall zugreifen können, aber hin und wieder auch unbewusst nutzen. Das kann ein Einfall sein oder eine kreative Idee. Manchmal geschieht das auch im Traum. Morgens wachen wir auf und haben die Lösung für ein Problem parat, das uns tagelang beschäftigt hatte. Aus ebendiesem Grund ist es bei manchen Angelegenheiten oder Entscheidungen sinnvoll, »erst einmal darüber zu schlafen«.

Wenn wir die vielen Erkenntnisse einer Nahtoderfahrung bedenken und die Stationen bewusst wahrnehmen, die zu einer Lösung aus dem Leben beitragen, könnten wir uns einen Bereich des Jenseits durchaus als intuitive Quelle vorstellen. Dabei wird die Intuition zu einem Prozess und einer Brücke zwischen Diesseits und Jenseits. Je stärker nun diese Verbindung ist, desto intensiver entwickeln wir auch die paranormalen Fähigkeiten, also die Prozesse, die keine klar erkennbaren kausalen Zusammenhänge aufweisen. So dringt man bei Hellsichtigkeit und Telepathie, bei Prophezeiungen und außeralltäglichen Begegnungen in diesen jenseitigen Raum ein und bekommt von dort her die entsprechenden Informationen. Dabei handelt es sich vermutlich um ein Kohärenzphänomen unterschiedlicher Frequenzen und Wellen: Zwei unterschiedliche Informationsspektren synchronisieren sich zu einer klaren, wahrnehmbaren Informationsquelle, die für den Moment der Wahrnehmung zur absoluten Wirklichkeit wird. Somit vermischt sich eine logische und alltägliche Empfindung mit unlogischen und paranormalen Wahrnehmungen und wird damit zu einer absoluten und vereinheitlichten Realität. Diesem Phänomen kommen wir nur mit einem überpersonellen und transzendenten Konzept auf die Spur.

Fakt ist, dass sich für viele Nahtoderfahrene die Pforten für diese Quelle öffnen. Das bedeutet in erster Linie eine sehr hohe soziale Verantwortung.

Seriöse Wissenschaftler ziehen eine solche Möglichkeit meist nicht in Betracht, weil sie sich nicht der Lächerlichkeit preisgeben wollen. Durch die Quantenphysik hat sich das negative Image paranormaler Aktivitäten etwas relativiert, weil sie die Grenzen der linearen Physik sprengt und damit die klassische Physik als das Maß aller Dinge in Frage stellt.

Nach paranormalen Entwicklungen musste ich überall explizit fragen. Weder in der Gruppe noch bei Interviews, höchstens in einem sehr privaten Ambiente wurden sie überhaupt freiwillig erwähnt. Vielleicht sind sie allen Menschen eigen, bekommen aber durch eine erhöhte intuitive Sensibilität eine andere Priorität und werden dann im Zusammenhang mit der Nahtoderfahrung erst als solche erkannt, während sie vorher eher als spekulativ interpretiert worden waren. Nach einer Nahtoderfahrung gewinnen sie an Substanz und sind häufig auch nachprüfbar. Dennoch bleiben sie im Alltagsbewusstsein hypothetisch und sind nicht immer eindeutig, weswegen eine gewisse Zurückhaltung mit der anschließenden Verkündigung geboten ist, weil man sich ja nicht dem Vorwurf »Nachher ist man immer schlauer« aussetzen möchte.

Martin, einer meiner Gäste, sah vor dem Tsunami im März 2011, der die schreckliche Atomkatastrophe in Japan hervorrief, in einer Vision ganz klar viel Wasser, das über ihn hereinfiel. Zu diesem Zeitpunkt war von der Tragödie noch nichts bekannt:

> »Wem hätte ich davon erzählen sollen? Ich wusste ja selbst nicht, was das zu bedeuten hatte. Die Zusammenhänge erschlossen sich mir erst, als ich selbst davon hörte. Dann

wurde mir auf eine merkwürdige Weise alles klar. Das war das erste Mal, dass mir so etwas passierte.«

Ich kenne den Menschen, der mir das im Vertrauen erzählte, nun seit über einem Jahr und weiß, dass er ein absolut bodenständiger Mann ist, der mit niemandem über seine Eingebungen spricht, die ihm hin und wieder zu denken geben.

Der verantwortungsvolle Umgang mit paranormalen Fähigkeiten stellt einen außersinnlichen Kontakt zu einer noch unbekannten Informationsquelle her. Bei Nahtoderfahrenen hält sich das Bedürfnis, nach einer rationalen Begründung für die Phänomene in ihrem Leben zu suchen, allerdings in Grenzen. Die Erlebnisse sind so real wie alles andere, was im Alltag geschieht, und daher von unmittelbarer Evidenz. In unserer Nahtodgruppe ist das Interesse an wissenschaftlicher Forschung deshalb nur bedingt vorhanden. Vielmehr legen wir größeren Wert auf den sinnvollen Umgang mit Nahtoderfahrungen und darauf, andere bei der Integration ihrer Erlebnisse zu unterstützen. Dabei erschließen sich für den Einzelnen freilich auch immer wieder Aspekte, die das eigene Erleben vervollständigen.

Spiritualität und Mystik

Wir können nicht losgelöst von unserer ursprünglichen Natur leben. Auch wenn wir versuchen, sie zu leugnen, macht uns das Dasein immer wieder auf sie aufmerksam. Unser wahrer Kern lässt sich nicht unterdrücken, wir alle tragen in uns ein vollkommenes Wesen.

Unser geistiges Bewusstsein hat sich im Laufe der Menschheitsgeschichte entwickelt. Wir sehen die Welt heute mit ganz anderen Augen als unsere Vorfahren. Wie die Kindheit in der individuellen Biografie ist jedoch auch das geistige Erbe der Menschheit Bestandteil unseres Seins. So ist unser mystisches und seelisches Bewusstsein Teil unserer Entwicklung. Es ist vorhanden, ob wir wollen oder nicht, ob wir es mögen oder fürchten. Wenn wir diese Tatsache verdrängen, verleugnen wir unsere Natur genauso wie uns selbst.

Nahtoderfahrungen sind spiritueller Natur

Nahtoderfahrungen sind natürliche Phänomene, zu denen wir den Zugang verloren haben. Unser rationales Bewusstsein leugnet die Möglichkeit eines kosmischen Raumes, in dem alles mit allem in Verbindung steht und alles möglich ist. Gelegentlich werden wir darauf aufmerksam gemacht – dann, wenn Menschen von außergewöhnlichen Erfahrungen sprechen, die nicht nachvollziehbar sind, falls wir uns diesem kosmischen Bewusstsein verschließen; oder dann, wenn wir intuitiv die richtigen Entscheidungen treffen. Indem wir uns innerlich davor verschließen und damit unsere seelische Vergangenheit leugnen, tragen wir diesen Verdrängungsmechanismus nach außen. Dies hat eine Kettenreaktion mit verheerenden Folgen zur Konsequenz, die daran abzulesen ist, wie wir mit unseren Mitmenschen umgehen, mit der Natur und schließlich mit der eigenen Person: Wir schaden der natürlichen Existenz an sich. Mit jeder Unaufmerksamkeit und Ignoranz hintergehen wir uns selbst.

Menschen, die ihre Kindheit verleugnen oder verdrängen, werden ebenfalls in aller Regelmäßigkeit darauf aufmerksam gemacht. Häufig, ohne dass sie davon wissen, manövrieren sie sich in scheinbar unzusammenhängende Prozesse, die ihren Ursprung in nicht gelösten und unverarbeiteten Lebensaufgaben haben. Wie oft stolpern wir über uns selbst, wenn wir aus nicht ersichtlichen Gründen traurig oder ärgerlich werden, wenn sich ein gewisses destruktives Muster durch unser ganzes Leben zieht und wir immer wieder mit den gleichen unliebsamen Aufgaben in neuen Kleidern konfrontiert werden?

Solch ein Muster begleitet uns in aller Regel so lange, bis wir in der Lage sind, die zugrunde liegende Ursache zu erkennen und gegebenenfalls einen neuen, authentischeren Lebensentwurf zu etablieren. Genauso verhält es sich mit der seelischen Entwicklung des Bewusstseins. Hier sind es meist existenzielle Themen, die uns hellhörig machen, wenn wir diesen Prozess akzeptieren. Sterben, der Tod, Botschaften aus einer anderen Welt, mediale Erlebnisse und nicht zuletzt Nahtoderfahrungen weisen uns auf unsere mystische Vergangenheit hin und decken im Umgang mit ungelösten seelischen Aufgaben unseren unbewussten Reifungsprozess auf, der uns wieder dahin führen will, die verdrängte Spiritualität in unser Leben zu reintegrieren.

Verdrängung geschieht meist passiv und ist auf unsere Angst vor der Vergangenheit zurückzuführen: Wir wollen Konflikte, Situationen und Begegnungen, die uns übel mitspielten, nicht mehr erleben.

Zunächst waren die Grenzen zwischen dem irdischen und dem jenseitigen Leben fließend und etwas völlig Natürliches. Religiöse Institutionen mit durchaus weltlichen Interessen schufen die Hölle und gaben dem Jüngsten Gericht einen irdischen Bezug. Damit war das Jenseitige, wie wir heute sagen würden, »negativ besetzt«. Mit der Entwicklung eines logischen Anspruchs für das Leben trat das scheinbar unkontrollierbare Jenseits schließlich nach und nach in den Hintergrund, bis es irgendwann in Vergessenheit geriet. Parallel dazu wuchsen die menschlichen Ansprüche nach Sicherheit und einem in sich geschlossenen System, nach Ressourcen und Macht, was schließlich in einem Machbarkeitswahn gipfelte, dessen desaströses Ende noch nicht abzusehen ist. Dagegen revoltiert unsere Seele, sie stemmt sich gegen die Abwehr des Verstandes und bringt uns so in einen inneren Konflikt. Sie sucht sich dann den Körper als Bühne, um mit den Symptomen der Zivilisationskrankheiten auf ihre Problematik aufmerksam zu machen. Aber auch Nahtoderfahrungen sind ein Hinweis auf unsere verdrängte Spiritualität.

Spirituelle Erfahrungen sind zunächst nichts anderes als der Kontakt zu einer religionsunabhängigen transzendenten Wirklichkeit. Sie benötigen kein konfessionelles Erklärungsmodell welcher Art auch immer. Zu einem religiösen Erleben wird das Ganze erst dann, wenn ich ein solches Erlebnis in mein eigenes religiöses Verständnis integriere. Aus einer solchen Erfahrung oder aus einem solchen Bedürfnis heraus kann sich schließlich ein spirituelles Leben oder eine spirituelle Lebenshaltung entwickeln. Nach Nahtoderfahrungen ist das häufig der Fall:

»Mit der eigentlichen Erfahrung habe ich überhaupt keine Schwierigkeiten. Aber ich wollte wieder dahin, wo ich gewesen war. Ich habe wieder und wieder dieses Gefühl gesucht. Weil mir das nicht gelang, brachte ich mich an den Rand einer Depression. Mir wurde klar, dass nur die beständige Suche nach Licht und Liebe, vor allem in diesem Leben, mich wieder aus meinem Dilemma führt.

Bis heute war das meine einzige direkte spirituelle Erfahrung. Glücklicherweise konnte ich sie nutzen, um mir ein spirituelles Leben zu erlauben. Darunter verstehe ich vor allen Dingen eine neue Ethik und Moral und neue Werte. Ich gehe jeden Tag zur Arbeit, und auch sonst habe ich meine ganz alltäglichen Aufgaben zu erledigen. Ich nehme sie auch wichtig. Andererseits gibt es sicher eine Wirklichkeit und Wahrheit jenseits des Trubels. Meine Aufgabe im Leben ist das eine, mein Lebenshintergrund das andere. Das habe ich verstanden oder, besser gesagt, verstehen dürfen. War das der Grund für meine Erfahrung? Mein Unfall war so gesehen das Beste, was mir geschehen ist, auch wenn ich heute noch am Stock gehe.« (Herbert)

Das spirituelle Erleben während des nahen Todes hat mit Esoterik nach landläufiger Auffassung nichts zu tun. Im Gegenteil: Hinter dem realen und tiefen Verständnis geistiger Erfahrung steckt weder ein Wunschdenken noch ein naiver Glaube, und wir sprechen hier auch nicht von einer methodischen und durchdachten Weltformel.

Für uns kommt es im Wesentlichen darauf an, was der Einzelne aus seinem Erlebnis macht, und nicht darauf, ob wir dabei von esoterischem Gedankengut sprechen können.

Der mystische Charakter von Nahtoderfahrungen

Nahtoderfahrungen können mystische Erlebnisse sein. Mystik bedeutet zunächst nichts anderes, als dass sich der Fokus der Wahrnehmung auf die innere Erlebniswelt richtet. Nach außen sichtbar ist nur, dass die Augen geschlossen werden. Auch mystische Erlebnisse sind unabhängig von der religiösen Orientierung.

Der Diplomsoziologe André Ahmed Al Habib ist in mehrere Sufi-Traditionen eingeweiht. In einem Telefoninterview sagte er:

> »Als junger Mann hatte ich eine Folge von Zuständen, die man im deutschen Sprachgebrauch als ›mystisch‹ bezeichnet. Ein Zustand der völligen Bewusstheit, ein Zustand der völligen Liebe, aber der Zustand ist schwer zu fassen. Es war ein Geschenk des Himmels. Ich weiß auch heute noch nicht genau, wie das kommen konnte. Ich hatte diese mystischen Erfahrungen nicht nur einmal. Es gab eine Zeit, etwa als ich sechzehn Jahre alt war, da hatte ich sie fast täglich. Dann ist es etwas abgeebbt, kam aber wieder.
>
> Damals wusste ich noch nichts über Meditation oder Mystik. Ab da habe ich aber mit Meditationen angefangen und habe den mystischen Weg eingeschlagen. Heute kann ich bewusst in den Zustand der Klarheit und in den Urgrund der Seele eintauchen.

> Ich habe auch andere Zustände erlebt, wenn der Mensch das Diesseits verlässt und sich für das nächste Leben bereit macht. Heute gehe ich aktiv durch Meditation und Lesen des Korans in diese Zustände hinein. Die Nahtoderfahrungen, die ich erlebte, waren eine Verdichtung in einem großen Ausmaß. Wenn ich heute aktiv hineingehe, ist die Erfahrung nicht mehr so intensiv, aber doch noch ein Eintauchen in diesen Urgrund. Der Sufismus erklärt sich eine Nahtoderfahrung als ein Geschenk des Himmels, ein Geschenk Allahs. Allah streckt seine Finger aus, seine Hände, zu den Menschen. Es ist die Hand Gottes. Der mystische Zustand ist ein Gewahrsein jenseits aller Worte.«

Mystische Erfahrungen geschehen in einem spirituellen Rahmen, doch bedingt Spiritualität keine Mystik an sich. Mystische Erfahrungen werden in einem spirituellen Erlebnisraum gemacht. Finden sie in einem religiösen Umfeld statt, bedingt durch rituelle und institutionell vorgezeichnete Wege, bekommen sie eine jeweilige konfessionelle Entsprechung. In der christlichen Tradition ist es zum Beispiel die »Unio mystica«, die Vereinigung von Gott und Mensch.

Im Rahmen von Nahtoderfahrungen wird dies häufig während des Lichterlebnisses empfunden. Der Reisende wird eins mit dem Licht und geht in einem unbeschreiblichen Gefühl auf. Einem Gefühl, das er so noch nicht erlebt hat und wonach er sich auch danach häufig noch sehnt. Die Erfahrung an sich ist spirituell, das erlebte Element der Lichterfahrung, wenn die Einheit empfunden wird, können wir als »mystisch« bezeichnen.

Nahtoderfahrungen sind keine unmittelbar religiösen Erfahrungen

Unser religiöses Verständnis ist in der Regel mit einer institutionellen Glaubenspraxis verbunden, die darüber hinaus noch karitative Aufgaben wahrnimmt, um ihren Glauben im Alltag zu vertreten. Dabei haben die Kirchen häufig einen Vermittler zwischen einem Gott und den Gläubigen, der für eine direkte spirituelle und mystische Erfahrung nicht unbedingt erforderlich ist, wie Nahtoderfahrungen uns deutlich machen.

Manche erkennen für sich einen religiösen Charakter, wenn sie versuchen, ihr Nahtoderlebnis in den Alltag zu integrieren, um es sich in ihrem religiösen, kulturellen Rahmen verständlich zu machen. Das eigentliche Erlebnis ist aber unabhängig davon und »überkonfessionell«.

Carol Zaleski schreibt in ihrem Buch *Nah-Todeserlebnisse und Jenseitsvisionen:*

> »Es ist naheliegend, die christliche Pilgerreise mit der Reise in den Tod gleichzusetzen. Der Vergleich zwischen Tod und Pilgerreise findet sich in Pilgergeschichten, die nicht vom Jenseits handeln, ebenso wie in Visionserzählungen, die nicht ausdrücklich von der Pilgerreise sprechen.«[24]

An anderer Stelle des Buches gibt sie eine Nahtoderfahrung wieder aus den Dialogen Gregors des Großen. Anhand dieser Textdokumente möchte ich anschließend einige zeitlos aktuelle Zusammenhänge erörtern:

»Ein Soldat wurde ebenfalls hier zu Rom ergriffen und kam zum Sterben. Dieser verschied und lag tot da, kehrte aber bald wieder zurück und erzählte, was mit ihm geschehen war. Er sagte – und die Sache ist seitdem vielen bekannt geworden –, es sei eine Brücke da gewesen, unter welcher ein schwarzer, düsterer Strom dahinfloss, der einen Nebel von unerträglichem Gestank ausdünstete. Über der Brücke waren freundliche, grünende Wiesen, mit wohlriechenden Blumengebüschen geziert, auf welchen weißgekleidete Menschen beisammenzustehen schienen. Solcher Wohlgeruch herrschte an jenem Ort, dass die da selbst Lustwandelnden und Wohnenden ganz davon erfüllt waren. Dort hatte jeder seine Wohnung von herrlichem Licht durchglänzt. Dort wurde ein wunderbar herrliches Haus gebaut, zu dessen Errichtung man goldene Ziegel zu gebrauchen schien, aber man konnte nicht erfahren, für wen es gehöre. Auch an dem Ufer des erwähnten Stromes standen einige Wohnungen, aber die einen wurden von dem sich erhebenden übelriechenden Nebel berührt, die anderen dagegen berührte der vom Strom aufsteigende abscheuliche Geruch nicht. An dieser Brücke fand die Prüfung statt: Wenn ein Ungerechter über sie gehen wollte, fiel er in den düsteren, übelriechenden Fluss; die Gerechten aber, welche von keiner Schuld behaftet waren, gelangten mit sicherem, freiem Schritt zu den freundlichen Wohnplätzen. Hier bekannte er auch, den Petrus, den Verwalter des Kirchenvermögens, der vor vier Jahren gestorben ist, tief unten an einem abscheulichen Ort, mit einem schweren und großen Eisen gefesselt und niedergedrückt, gesehen zu haben. Auf seine Frage, warum er sich dort befinde, erzählte er, dasjenige zur Antwort bekommen zu haben, an was wir, die wir ihn in diesem geistlichen Hause kannten und von seinen Werken wissen, uns wohl erinnern. Es wurde nämlich erklärt: ›Dies erleidet er deshalb, weil er, sooft er eine Strafe zu vollziehen hatte, seinen Dienst mehr aus grausamer Lust, die Leute zu quälen, als aus Gehorsam leistete.‹ Dass dies so gewesen sei, weiß jeder, der ihn gekannt hat. Er behauptete auch, einen fremden Priester dort gesehen zu haben, der, als er zur Brücke kam, sie ebenso mutig überschritt, als er rein auf Erden gelebt hatte. Auf dieser Brücke beteuerte er auch, den erwähnten Stephanus erkannt zu haben. Als derselbe die Brücke überschreiten wollte, strauchelte sein Fuß, und er fiel mit dem halben Körper außerhalb der Brücke und wurde von einigen furchtbaren Männern, die sich aus dem Flusse erhoben, an den Hüftbeinen abwärts, hingegen von einigen weißgekleideten, wunderschönen Männern an den Armen aufwärts gezogen. Während dieses Kampfes, wobei ihn die guten Geister aufwärts, die bösen abwärts zogen, kehrte derjenige, der dieses sah, zum Leibe zurück und wusste nicht, was mit Stephanus weiter geschehen sei. Daraus lässt sich hinsichtlich des Lebens des Stephanus erkennen, dass in ihm Fleischessünden gegen die Werke der Barmherzigkeit kämpften. Denn da er an den Hüftbeinen abwärts, an den Armen aufwärts gezogen wurde, so erhellt daraus, dass er zwar gerne Almosen gegeben, aber den Fleischessünden, die ihn abwärts zogen, nicht vollkommen Widerstand geleistet hatte. Was aber bei jenem geheimen Schiedsgerichte in ihm gesiegt habe, ist uns und dem, der es gesehen hat und zurückgerufen wurde, verborgen. Das steht jedoch fest, dass jener Stephanus, nachdem er, wie oben erzählt, die Hölle gesehen und zum Leben zurückgekehrt war, sein Leben nicht vollkommen gebessert hatte, da er nach vielen Jahren noch zu einem Kampfe zwischen Leben und Tod vom Leibe schied.«

Die spätantiken und mittelalterlichen christlichen Überlieferungen zeugen von einer fantasievollen Fabulierkunst als Folge missionarischer Berufung. Der besagte Stephanus wurde irrtümlich ins Jenseits gerufen. Eigentlich sollte ein anderer für ihn kommen. Gregor der Große verstand dies nicht als einen falschen Ruf, sondern als Ermahnung: »Hier zeigt sich Gregors Geschick, vorhandenes Material den eigenen didaktischen Absichten anzupassen.«[25]

Gehen wir etwas näher auf die Schilderung ein: Der besagte Soldat starb »zu Rom« und kam dann wieder ins Leben zurück, woraufhin er sein Erlebnis erzählte. Wir kennen die Brücke aus der Geschichte Arthurs und auch das Wasser darunter. In diesem Bericht vereinen sich aber Höllenvisionen mit himmlischer Schau. Der Strom stank, und darüber herrschten paradiesische Zustände. Beides zugleich ist mir persönlich von keinem der Betroffenen zu Ohren gekommen. Durchaus gingen Sterbende durch apokalyptische Qualitäten, wobei bis heute nicht klar ist, weshalb man so etwas erlebt. *Anschließend* finden sie sich dann zwar in schönen Landschaften wieder, aber nie *gleichzeitig*. Natürlich kann es sein, dass es mir nur nicht berichtet wurde oder dass ich nie auf jemanden stieß, der eine solche Erfahrung gemacht hat. Für unsere Reise klingt dies nicht sehr glaubhaft, passt aber in das mittelalterlich-christliche Motiv der Missionierung.

Der Bericht enthält viel Symbolik, so hören wir von weißgekleideten Menschen, genauso wie von Wohnungen und dem uns bekannten Licht. Die Brücke scheint eine Art Übergang zu sein, bei dem noch einmal Erinnerungen an das Diesseits erlebt werden.

Arthur wurde von einer Stimme begleitet, der er Fragen stellen konnte, die ihn schon vor seinem Erlebnis beschäftigten. Der Soldat erlebte auf der Brücke wahrscheinlich ein »Lebenspanorama«, was als Prüfung gedeutet wurde. Entweder von ihm selbst oder von Gregor. Doch wie wir bereits wissen, ist ein solcher Lebensrückblick ohne moralische oder ethische Bewertung. Wir hören von einem Petrus, der sich im Leben scheinbar unmoralisch verhalten hatte. Er wurde »an einem abscheulichen Ort« gesehen. Offensichtlich waren seine Missetaten wohlbekannt und sollten durch diesen Bericht eine späte Sühne finden.

Das Fleischliche war in der Geschichte des Christentums und ist zum Teil noch heute in so mancher klerikalen Schule offiziell verpönt. Und auch in anderen Religionen suchte man nach einem »Regulativ« zu den natürlichen Zeiten der Zusammenkünfte. Stephanus, der eigentlich einer anderen Geschichte angehörte, taucht aus diesem Grunde bei dem Soldaten plötzlich wieder auf, und es hieß, dass »in ihm Fleischessünden gegen die Werke der Barmherzigkeit« kämpften.

Insgesamt sehen wir hier einige »echte« Elemente von Jenseitsreisen, allerdings gepaart mit der kirchlichen Intention moralischer Unterweisungen. Insofern sind berichtete jenseitige Erlebnisse immer mit einem wachen Auge und einer guten Portion kritischer Überlegung zu betrachten. Damals wie heute erleben wir im Jenseits kosmische Qualitäten und interpretieren sie je nach Zeit und kulturellem Hintergrund modifiziert. Dabei wurden und werden sie in die entsprechende Epoche übersetzt und mit den jeweiligen Begriffen belegt. Dass dabei auch eigene Lebensideen und Vorlieben eine Rolle spielen, haben wir ja schon bei Stoekhlin gesehen.

Immer mehr Menschen suchen nach alternativen Lebensideen, weil sie sich durch den Kampf um materielle Güter und Anerkennung durch Leistung nicht mehr verstanden fühlen. Dabei sind sie nicht mehr auf die eigene religiöse Kultur angewiesen, weil die Globalisierung auch nicht vor Religionen und Philosophien anderer Völker haltmacht. Ich empfinde dies als eine große Bereicherung, zumal wir dann ja ebenso die Chance bekommen, unsere eigene sakrale Kultur besser zu verstehen.

Damit erschließt sich auch die Erkenntnis, dass identische Erlebnisse und Einsichten unterschiedlich interpretiert werden, was auch in den Religionen seinen Ausdruck findet. Wenn wir uns aktiv auf den Weg machen, können wir Elemente, die wir von Nahtoderfahrungen kennen, ebenso in den mystischen Traditionen diverser Couleur ausmachen. Denn immer wieder wird in Zusammenhang mit spirituellen und mystischen Reisen von Licht, Begegnungen mit Verstorbenen oder von der völligen Auflösung der eigenen Persönlichkeit berichtet …

Zwei verschiedene Sprachen

In unserer Nahtodgruppe haben wir uns nie mit »Esoterik« in dem Sinne beschäftigt, wie es das Klischee nahelegt, und auch das Thema »Religion« gehört nicht zu unseren Prioritäten. Lediglich der religiöse Bezug zum Christentum wird hin und wieder hergestellt, was auch ganz und gar verständlich ist, wenn man in einer traditionsreichen christlichen Kultur lebt und seinen Erlebnissen Worte verleihen möchte.

Nahtoderfahrungen sind Erlebnisse von Räumen jenseits des Alltags. Für eine authentische Reiseerzählung wird es also immer darauf ankommen, dass wir eine Sprache finden, die dem, was man erlebt hat, auch annähernd gerecht werden kann. Allein mit den gängigen und eher pragmatischen Ausdrucksmöglichkeiten unserer Alltagssprache wird uns ein direktes Verständnis nicht gelingen. Vielleicht ist es besser, wir bedienen uns da einer Symbolik, die unser inneres Wesen berührt und inspiriert. Damit bewegen wir uns außerhalb unserer gewohnten Sprache. Wenn wir Jenseitsreisen verstehen möchten und mit unserem Verstand *irgendwie* doch begreifen wollen, müssen wir fast unlösbare Missverständnisse oder Paradoxa zulassen. Gelingen wird es uns nur dann, wenn wir Nahtoderfahrungen auf die essentiellen Qualitäten reduzieren und wir Fehler bei der Übertragung ins diesseitige Verständnis zugestehen. Damit sind wir vor allem gefordert, mit einer prälogischen Sprache umzugehen, die bei manchen von uns eine tiefe Skepsis entstehen lässt.

Wir sprechen hier von kommunikativen Prozessen zweier Welten, die in dieser Hinsicht unterschiedlicher gar nicht sein könnten. Während im Diesseits Kommunikation mehr oder weniger »logisch« gelingen kann, wenn alle Beteiligten sich das vornehmen, entdecken wir im Jenseits eine für uns völlig ungewohnte Art der Verständigung. Wir machen uns vor allem im Westen, respektive in unserer technisierten Welt, mit Wörtern verständlich. Von A nach B reisen wir mit dem Auto, der Bahn oder fliegen von einem Ort zum anderen. Das ist konkret. Im Jenseits können wir mittels unserer Gedanken reisen. Das ist nicht unmittelbar nachvollziehbar, und dieses Phänomen wird mit Sprachbildern beschrieben, die auch Missinterpretationen möglich machen.

Erinnern wir uns dabei an Dr. Eibl, der an seinen Notarzt dachte und fortan bei ihm war, und dann an seine Mutter, bei der er sich gleich in der Küche wähnte. Er hat seine Erlebnisse anhand der wahrgenommenen Details faktisch so überprüft, dass keine Zweifel an einer Jenseitsreise bestehen können. Dennoch wird jede Beschreibung mit unseren Worten dem Phänomen nur annähernd gerecht.

Die einzig wirkliche Möglichkeit wäre, die Sprache des Jenseits so zu lernen, dass wir die Informationen aus der anderen Welt im Diesseits auch entsprechend verstehen können. Wir alle haben diese Sprache einmal gesprochen. Spirituelle und mystische Erlebnisse sind die gleichen geblieben, während der Ausdruck dafür verlorenging. Wir könnten uns also in Traditionen umsehen, wo das Jenseits gegenwärtig noch lebendig ist. Dann sind wir vielleicht in der Lage, die andere Welt, aber auch uns selbst besser zu verstehen.

Auch wenn wir die Musik des Jenseits und die Farben nicht kennen, lösen sie in uns etwas aus, was wir mit Liebe und Frieden in Verbindung bringen. Wir haben keine Worte, aber die Gefühle sind stark. Dabei müssen wir üben loszulassen und den Mut aufbringen, zuverlässige und authentische Informationen als wahr und echt, zumindest aber im Bereich des Möglichen liegend anzunehmen, selbst wenn sie sich dem nach Logik suchenden Verstand entziehen. Weder Nahtoderfahrungen noch spirituelle oder mystische Erlebnisse sind mit der Sprache des Alltags zu begreifen. Doch beide haben den gleichen Ursprung. Sie haben den gleichen Sprachstamm und bieten damit die Möglichkeit eines tiefen Verständnisses. Damit stellen Nahtoderfahrungen auch eine innerliche Verbindung zu unserem Ursprung dar, wie andere Wege auch, die unser Bewusstsein erweitern.

Bewusstseinserweiternde Phänomene gab es schon vor der Etablierung jedweder Religion. Dann flossen sie in die Glaubenslehren ein und wurden auch dort fester Bestandteil. Es ist sogar möglich, dass aus solchen geistigen Reisen Religionen überhaupt erst entstanden sind und einzelne Aspekte wie Lichterlebnisse, andere Welten oder außerkörperliche Erfahrungen wichtige Grundpfeiler wurden. Später erst haben wir sie für die Erklärung religiöser Erfahrungen nutzbar gemacht und sie als eine der jeweiligen Glaubensrichtung entsprechende göttliche Gnade festgeschrieben. Eigentlich sind sie aber Bestandteil unserer Natur.

In unserem Sinne bedeutet der Begriff »Natur« alles, was ist. Uns soll es nicht darauf ankommen, ihre Bedeutung zu sezieren, sondern wir kümmern uns eher um ihre Qualität. So ist alles Sein und Erleben ein natürlicher Prozess, und »natürlich« schließen wir alle universalen Existenz- und Erlebnismöglichkeiten mit ein. Wir müssen keine Trennung vollziehen und keine Spaltung zwischen Mensch und Natur hervorrufen. Damit schaffen wir auch keine konstruierte Front und kämpfen auch nicht wider etwas, was zu uns gehört, und somit gegen uns selbst. Vielmehr überlegen wir, wie wir qualitativ mit der Natur und all ihrem Erlebnispotenzial umgehen können. Dies gilt auch in unserem Rahmen, also insbesondere für unser Thema Nahtoderfahrungen.

Terminale Geistesklarheit

Von außen betrachtet sind ein Fahrer und sein Fahrzeug eins. Um sich fortzubewegen, braucht er ein Vehikel, wie die menschliche Seele in unseren Dimensionen einen Körper braucht, und umgekehrt kann das Vehikel (der Körper) auch nicht ohne seinen Fahrzeugführer (die Seele) auskommen. Trotzdem sind es zwei getrennte Einheiten. Diese Vorstellung wird von unterschiedlichen Phänomenen gestützt, ob es sich dabei um außerkörperliche Erfahrungen, Telepathie oder die sogenannte »terminale Geistesklarheit« handelt. Wir sind allerdings noch nicht in der Lage, diese Zusammenhänge hinreichend genau zu verstehen.

Die »terminale Geistesklarheit« hat Michael Nahm untersucht und in seinem Buch *Wenn die Dunkelheit ein Ende findet* beschrieben. Dabei geht es um lichte Momente in der Nähe des Todes, auch bei Menschen mit geistiger Behinderung, die plötzlich erstaunliche Fähigkeiten aufwiesen, nach Schlaganfällen, Alzheimer und Demenz, Schizophrenie oder geistiger Verwirrung und anderen Erkrankungen, bei denen das Gehirn als ursächlich betrachtet wird.

Hier ein kurzes Beispiel aus seinem Buch, um Ihnen einen Eindruck von den Umständen zu vermitteln, wie sie ihm berichtet wurden:

»Schließlich war es offensichtlich, dass das Ende nahe war. Es kam etwa um halb vier nachmittags an einem schönen Herbsttag. Ihre Tochter, die sie seit ihrem ersten Gehirnschlag gepflegt hatte, saß an ihrem Bett. Ein plötzlicher lauter Ausruf der Mutter ließ sie augenblicklich aufmerken. Zu ihrer Verblüffung wurde ihr Gesicht, das seit vielen Monaten eine unbewegliche Maske gewesen war, von einem freudestrahlenden Lächeln erhellt. Die Mutter wandte sich ihrer Tochter zu, strahlte sie mit einem ›lieblichen, wundervollen Blick‹ an und setzte sich dann ohne offensichtliche Anstrengung in ihrem Bett auf, hob ihre Arme und sagte mit klarer und freudiger Stimme: ›Andrew!‹ Und mit diesem Ausspruch des Namens ihres verstorbenen Ehemannes sanken die Arme wieder. Ihre Tochter fing den Körper, aus dem der Geist auf so freudvolle Weise gewichen war, auf und ließ ihn zurück ins Bett sinken.«[26]

Solche und viele andere Beispiele, ob terminale Geistesklarheit oder Nahtoderfahrungen, legen nahe, sich bezüglich des Begriffs »Natur« einer umfassenderen Sichtweise zu bedienen:

»Wir verstehen die Natur am besten, wenn wir uns in einem erweiterten Bewusstseinszustand befinden. Erweitertes Bewusstsein ist traditionell ein heiliger Bereich. Es ist nicht unser Körper, der von der Natur abgespalten ist; es ist unser rationales Bewusstsein, das sich selbst ausgegrenzt hat.«[27]

Natürliches Bewusstsein

Vermutlich waren der Gebrauch der Bestandteile von psychoaktiven Pflanzen beziehungsweise Pilzen und Tieren der erste Umgang mit psychedelischen Ingredienzien, um das Bewusstsein neue Erfahrungen machen zu lassen. Bevor bewusstseinsverändernde Drogen zum gesellschaftlichen Problem wurden, waren sie ausschließlich Teil sakraler Rituale oder gar die ersten heiligen Erfahrungen überhaupt:

»Ayahuasca ist ein Tee, der seit Menschengedenken von den Indianern des Amazonasgebiets getrunken wird. Aus westlicher Sicht ist Ayahuasca ein halluzinogenes Mittel … Ihr eigentlicher Wert besteht darin, dass der am Ayahuasca-Ritual Teilnehmende eine ganze Reihe persönlicher und universeller Fragen klarer sieht und die Fähigkeit und Ausdauer erlangt, die während dieser Erfahrung gewonnenen Erkenntnisse in die Praxis umzusetzen. Es gibt zahlreiche Beispiele dafür, dass sich von Alkohol und anderen Drogen

Abhängige durch die rituelle Verwendung von Ayahuasca von ihrer Sucht befreien konnten …

Im vorigen Jahrhundert entdeckten auch Nicht-Indianer den Tee, und es entstanden in Brasilien zwei Religionen mit jeweils eigenem Ayahuasca-Ritual: Santo Daime und die União do Vegetal.«[28]

Christian Rätsch beschreibt in seinem Buch *Hexenmedizin* die Wirkstoffe dieser Droge:

»Ayahuasca ist eine Zubereitung aus mindestens zwei Pflanzen: aus der Ayahuascaliane [Banisteriopsis caapi (SPRUCE ex GRISEB.) MORTON, sy. Banisteria caapi SPRUCE] und den Chakrunablättern (Psychotria viridis R. et P.). Dieser Trank stellt in Amazonien das bedeutendste schamanische Heilmittel dar … Der eigentliche Wirkstoff des Ayahuasca-Trunkes ist N, N-Dimethyltryptamin (= DMT), eine Substanz, die als Neurotransmitter in unserem Nervensystem fungiert.«[29]

DMT wird im Rahmen von Nahtoderfahrungen als chemisch auslösender Faktor diskutiert. Pim van Lommel schreibt in seinem Buch *Endloses Bewusstsein – Neue medizinische Fakten* zur Nahtoderfahrung:

»Bei starkem psychischem oder körperlichem Stress, wie etwa bei einem drohenden Verkehrsunfall, einem Herzstillstand oder heftigem Schmerz, setzt der Körper große Mengen dieser Nebennierenrindenhormone frei, was wiederum eine große Ausschüttung an DMT auslöst. Während des Sterbeprozesses werden wahrscheinlich durch das Absterben von Zellen ebenfalls große Mengen DMT in der Epiphyse freigesetzt.«[30]

Dr. med. Rick Strassmann forschte in den neunziger Jahren an der medizinischen Fakultät der Universität New Mexico über die Wirkung von DMT. Er fragte, was dieser körpereigene Stoff mit »psychedelischen« Erfahrungen zu tun hat. Darunter zählt er die Geburt und den Tod, Nahtoderfahrungen, Psychosen und mystische Erfahrungen. Strassmann injizierte Probanden das »Bewusstseinsmolekül« DMT und dokumentierte die Ergebnisse, schloss aber DMT als Auslöser von Nahtoderfahrungen aus:

»Allerdings waren nur bei zwei Probanden, bei Willow und Carlos, der Tod und der Sterbeprozess die beherrschenden Themen der Sitzungen. Ausgehend von dem, was wir tatsächlich im Verlauf unserer Forschungen antrafen, halte ich meine ursprünglichen Erwartungen häufiger Nahtoderfahrungen bei unseren Freiwilligen heute für naiv.«[31]

Ich erzähle Ihnen all dies, weil es viele Wege gibt, bewusstseinserweiternde Erfahrungen zu machen, sowohl aktiv als auch passiv.

Dabei werden im kosmischen Erfahrungsraum auch während aktiver Suche Elemente von Nahtoderfahrungen erlebt. Sie alle sind Jenseitsreisen unterschiedlicher Voraussetzungen und Umstände. Nahtoderfahrungen sind nicht vorhersehbar, andere Erlebnisse schon, wenn sie mit einem erfahrenen Reisebegleiter unter entsprechenden Bedingungen gesucht werden. Doch beide, aktive und passive Erlebnisse, kreuzen sich im Jenseits. Solche Erlebnisse waren für Menschen schon immer sehr attraktiv, und sie versprachen sich wohl viele aufschlussreiche Erfahrungen davon. Die wahren Gründe bleiben aber im Verborgenen. Wir können sie nur erahnen, indem wir unsere eigenen Motive betrachten. Vielleicht kommen wir dem dann etwas näher, wenn wir uns die psychischen Hintergründe noch einmal etwas genauer ansehen.

Früher mehr als heute waren der Stamm und die Familie auch eine überlebensnotwendige Organisation für den Einzelnen. Jeder hatte seine Rolle und sorgte damit für den Weiterbestand der Gemeinschaft. Wir alle kennen die evolutionäre Rollenverteilung mit der Frau, die das familiäre Zentrum hütete, und dem Mann, der als Jäger für Schutz und Nahrung sorgte. Im Lauf der Entwicklung des Bewusstseins und des zivilisatorischen Fortschritts haben sich die Rollen verändert beziehungsweise neu sortiert. Doch in jeder Phasc der Evolution gab es ein Konzept des Überlebens. Dies wird zu prähistorischen Zeiten nicht anders gewesen sein.

Geht nun ein Mitglied einer Familie in sein anderes Leben, hinterlässt er nicht nur eine emotionale Lücke bei den

Hinterbliebenen, auch seine Aufgabe muss neu besetzt werden. Dabei kommt das gesamte Gefüge zunächst in Aufruhr und befindet sich so lange in einer instabilen Phase, bis die Aufgaben neu verteilt sind und die Ordnung wiederhergestellt ist. Das ist im Prinzip heute nicht anders.

Das plötzliche Verschwinden einer Person konnte also schnell zu einem existenziellen Problem werden. Grund genug, um diesen Umstand verstehen zu wollen, zumal er damals mehr als heute in aller Regelmäßigkeit vorkam. Das Sterben und der Tod können nicht verhindert werden. Was wir aber tun können und was schon damals getan werden konnte, ist, den Versuch zu unternehmen, dem Geheimnis und Mysterium wenigstens ein Stück weit auf die Spur zu kommen, indem wir unser Bewusstsein erweitern, und so zumindest eine Idee davon zu bekommen, was uns solche Schwierigkeiten bereitet. Das Sterben und der Tod sind für uns deshalb so schwer zu ertragen, weil wir heute mehr denn je nicht mehr wissen, wie wir damit umgehen sollen. Und wir haben keine adäquaten Vorstellungen mehr vom Jenseits.

Damals standen die Menschen angesichts der Endlichkeit allen irdischen Lebens wohl vor der gleichen Herausforderung wie wir heute. Ihr gewisser Vorteil war allerdings die größere Nähe zur Natur. Sie sahen das Kommen und Gehen unmittelbarer und konnten eher die Gesetzmäßigkeit erkennen, dass auf ein Ende immer wieder ein neuer Anfang folgt. Und sie lernten Pflanzen, Pilze und Tiere kennen, nach deren Verzehr andere Kreaturen ein verändertes Verhalten an den

Tag legten. Da sie die Wirkung natürlich noch nicht mit biochemischen Analysen oder dergleichen vorhersagen konnten, probierten sie wahrscheinlich einfach aus, was bestimmte Ingredienzien mit ihnen anstellten – *learning by doing* sozusagen. Durch den engen Kontakt mit ihrer Mitwelt und vermutlich in Kenntnis elementarer Rhythmik war ihr Leben von der übrigen Natur nicht getrennt, sondern stand mit ihr im Einklang. Durch Versuch und Irrtum lernten sie Orte, Pflanzen, Pilze und Tiere kennen, um sich zurechtzufinden.

Vielleicht wurde von Nahtoderfahrungen berichtet, und man entdeckte Parallelen mit Jenseitsreisen anderer Art. Danach wurde die Möglichkeit, das Bewusstsein zu erweitern, immer weiter erforscht und in entsprechende Rituale eingebunden. Dadurch entwickelten sich kundige Mitglieder von Stämmen und Familien, die sich auf den verantwortungsvollen Umgang mit derlei Substanzen verstanden.

Generell können wir von einer Reihe von Ritualen ausgehen, die mit Reisen in eine andere Welt verbunden waren und zu diesem Zweck zelebriert wurden. Heute bringen wir dies meist mit schamanischen Praktiken in Verbindung, obwohl mir persönlich der Begriff »Schamanismus« etwas zu inflationär gebraucht wird.

Probleme gibt es erst dann, wenn psychedelische Drogen außerhalb des rituellen Rahmens zur Flucht oder zum Vergnügen missbraucht werden. Drogen sind sicher keine gute Art, Spaß zu haben oder sich der Alltagswelt zu entziehen, indem man vor ihr und seinen Aufgaben im Leben flieht.

Das nachvollziehbare Bedürfnis, ernsthaft Lösungen in anderen Welten zu finden, ist aber nach wie vor konkret, nur dass wir in einer nahezu säkularisierten Welt nicht mehr wissen, wie wir damit umgehen sollen. In einem naturreligiösen Rahmen gab es dafür noch Bedingungen, die mit dem Einzug christlicher Missionierung nach und nach als heidnische Rituale dämonisiert oder assimiliert wurden.

In Kulturen, in deren Alltag das Jenseits noch immer natürlicher Bestandteil ist, sind bewusstseinserweiternde Substanzen wie auch Nahtoderfahrungen kein kontroverses Thema. Galsan Tschinag ist Schamane und in der Mongolei geboren. Im Buch *Der singende Fels* schreibt er:

> »Ich habe ein Nahtoderlebnis gehabt. Im August 1995 bin ich für zwei Stunden und fünfundvierzig Minuten im Jenseits gewesen, und das ist wunderbar gewesen. Das bekannte Tunnelerlebnis mit dem sehr hellen Licht, schöner Musik und lieben Menschen. Gar nicht ähnlich der christlichen Hölle, viel ähnlicher dem Paradies. Seit ich dieses Erlebnis hatte, bin ich in meiner seelischen Einstellung noch fester geworden … wenn die Stunde da ist, muss ich mich demütig-freudig dem hingeben, was man den Tod nennt, aber das ist eigentlich nur ein Übergang. Der Tod ist für uns ganz bestimmt nicht ein Mann in Schwarz und mit einer Sense in der Hand. Der wird mich nicht zerstechen und zerstückeln. Ich werde nur einschlafen und hinüberschlafen. Oder hinüberleben, das ist noch besser.«[32]

Nahtoderfahrungen und Christentum

Stefan R. ist katholischer Priester. Er beschreibt sein Erlebnis und seine Einstellung zur jenseitigen Welt wie folgt:

»Für mich als katholischer Priester gibt es keinen Zwiespalt. Ein Weiterleben nach dem Tod steht außer Frage.

Vor einigen Jahren hatte ich eine schwere Operation am Herzen. Nachdem ich aus dem Krankenhaus entlassen worden war, besuchte ich meine Mutter, und wir fuhren zu unserem Wochenenddomizil, einem kleinen Wohnwagen. Während meiner Krankheit nutzte ich es häufig, um mich zu erholen. Natürlich habe ich es immer verschlossen, als ich wieder ging, aber an diesem Tag war es nicht abgeschlossen. Ich habe dann dort übernachtet.

In der Nacht wurde ich wach und sah über mir eine Gestalt, etwa einen Meter von mir entfernt. Diese Gestalt habe ich nicht nur gesehen, ich habe sie auch ganz deutlich gespürt. Auf jeden Fall bin ich mächtig erschrocken und hatte ein ganz komisches Gefühl.

Am nächsten Morgen, als ich aufstand und ins Freie ging, stand die Tür wieder offen. Ich hatte ganz sicher abgesperrt. Ich muss dazu sagen, dass ich schwer herzkrank war, bevor ich operiert wurde. Davor schon erzählte mir mein sterbender Vater von seinen Bildern auf dem Weg in den Tod, die meine Zweifel an ein Leben nach dem Tod völlig ausgeräumt hatten. Er war so klar und deutlich. Ich weiß nicht mehr, was mit mir während der OP geschah. Auch heute begegne ich immer wieder merkwürdigen Situationen, selbst in meinem Pfarrhaus. Aber ich habe keine Angst. Ich glaube nicht an die Wiedergeburt. Ich glaube fest an das Paradies, in das ich hineingehen werde, sollte ich eines Tages sterben.«

Über die genauen Auffassungen des Christentums über Leben und Tod gibt es keine einheitlichen Vorgaben. Sie sind von den jeweiligen Kirchen abhängig, die damit unterschiedlich umgehen.

Die zentrale Figur des Neuen Testaments ist Jesus von Nazareth. Er tritt als Mittler zwischen Gott und den Menschen auf und übersetzt die jenseitige Sprache in eine irdische. Dabei nimmt er konkret Bezug auf die sozialen Umstände in seinem Umfeld. Seine Sprache ist derjenigen seiner Zeitgenossen angepasst, sodass sie verstanden werden konnte.

Wie alle heiligen Schriften sind auch die des Neuen Testaments mehrdeutig zu verstehen. Soll man das, was sie sagen, wörtlich nehmen oder eher als Allegorie auffassen? Auch daran scheiden sich die Geister. Sünde ist beispielsweise eine Trennung von Gott, wodurch wir selbst kein gutes Leben haben, weil wir uns zu sehr mit dem Materiellen identifizieren. So bedeutet das Jenseits die Wiedervereinigung mit dem Göttlichen.

Alles hat seine Zeit, und auch die Interpretationen der Heiligen Schrift passen sich den kulturellen Entwicklungen an:

> »Jede Überlieferung bleibt nur wirksam, wenn sie auch in einer veränderten Situation – und die Lebensumstände eines Volkes sind einem ständigen Wandel unterworfen – ihre Aktualität behält. Das kann sie nur, wenn sie jeweils neu interpretiert und der neuen Zeit angepasst wird.«[33]

Das entscheidende Thema bei Jesus ist jedenfalls die Liebe. Es zieht sich konsequent durch die Evangelien, und Jesu Handlungen und Worte, die auf die sozialen Umstände zielen, können wir auch mühelos auf die Gegenwart übertragen. Licht und Liebe sind allgegenwärtig. Dabei müssen sie nicht immer so poetisch formuliert werden wie hier:

> »Wenn wir aber im Licht wandeln, wie er im Licht ist, so haben wir Gemeinschaft untereinander, und das Blut Jesu Christi, seines Sohnes, macht uns rein von Sünde.«[34]

Genau betrachtet, finden wir hier drei Elemente von Nahtoderfahrungen: das Licht, die Gemeinschaft im Jenseits und das Gefühl, im Jenseits seien alle gleich und akzeptiert. Vielleicht entdecken wir sogar die Möglichkeit der Reinigung auf Erden, wenn wir den letzten Satz der Bibelstelle als Lebenspanorama verstehen. Doch sind solche Erlebnisse nicht den Heiligen überlassen? Kann ein »normaler« Mensch so etwas wie eine Lichterfahrung überhaupt erleben? Dies wird einer der Gründe sein, warum die Kirchen mit solchen Erlebnissen manchmal enorme Schwierigkeiten haben und sie deshalb nicht grundsätzlich anerkennen.

In der Bibel finden wir jedoch alle Elemente von Jenseitserfahrungen wie auch von unserem Thema, den Nahtoderfahrungen. Bedeutet vielleicht das Nadelöhr in dem berühmten Gleichnis gar den Tunnel? Natürlich kann ich das nicht mit Bestimmtheit sagen, da viele Begriffe unterschiedliche Bedeutungen haben, wenn wir dabei nur an den Tod denken, der einmal als eine lebende Qualität und einmal als Zustand im Jenseits dargestellt wird:

> »Denn ich bin gewiss, dass weder Tod noch Leben, weder Engel noch Fürstentümer, noch Gewalten, weder Gegenwärtiges noch Zukünftiges, weder Hohes noch Tiefes, noch keine andere Kreatur kann uns scheiden von der Liebe Gottes, die in Christus Jesus ist, unserm Herrn.«[35]

Sicher standen die Verfasser der Evangelien und der Schriften des Neuen Testaments genau wie wir heute auch vor der Herausforderung, jenseitige Erlebnisse in die Sprache des Diesseits zu transponieren. Jesus löste dies, indem er in Bildern respektive Gleichnissen sprach und vieles, was er sagen wollte, symbolisierte und umschrieb. So werden wir immer Schwierigkeiten haben, diese Schriften mit einer rein intellektuellen Brille zu lesen, denn dabei wird uns der Inhalt weitestgehend verschlossen bleiben.

Origenes war ein Kirchenschriftsteller, christlicher Gelehrter und Theologe. Er wurde um 185 in Alexandria geboren und starb um 254. Sicher markierte er die systematische Auseinandersetzung mit der Heiligen Schrift. Zu seiner Zeit war die Kanonisierung des Neuen Testaments weitestgehend beendet. Das heißt, es war beschlossen, welche Einzelschriften zum Gesamtkonzept gehören sollen, wie wir es heute als Neues Testament kennen.

Origenes lebte auch unter dem Einfluss der antiken Philosophie, und seine Ideen hatten viel mit den bekannten griechischen Denkern gemein. Um ihn verstehen zu können, sollte man seine Zeit berücksichtigen und den Raum, in dem er wirkte. Aus diesem Geist folgte sein Rahmen für die Auslegungen dessen, was Jesus meinte, nicht nur dessen, was er sagte. Dieser Rahmen bezeichnet einen markanten irdischen Anfang und ein zielorientiertes Ende. Durch den Einfluss der griechischen Philosophen, die wiederum die natürlichen Prozesse einer logischen Schlussfolgerung unterziehen wollten, sich dabei aber nicht immer auf das Erdenleben beschränkten – man denke nur an Platons philosophisches Gedankengut –, sah auch Origenes Geburt und Tod nicht als Grenze des Lebens an:

»Deshalb muss Origenes mit seiner Frage nach den Ursachenzusammenhängen die beiden raum-zeitlichen Fixpunkte des Daseins, Geburt und Tod, überschreiten. Sie werden ihm zu Fährten ins Vorher und Nachher. Eintritt in die Erdenwelt und Austritt aus ihr bedeuten für den Menschen wohl Marksteine einer Metamorphose, aber für endgültige Grenzen, innerhalb deren allein sich geschöpfliches Sein erfüllen würde, dürfen sie nicht gehalten werden.«[36]

Kommen wir nun auf die oben zitierte Passage des Römerbriefs zurück und sehen wir, was Origenes dazu zu sagen hat:

»Danach wollen wir sehen, was das ›Zukünftige‹ ist, ob es sich auf die zukünftige Zeit bezieht, die dem Apostel während seines Aufenthaltes in diesem Leben Widerstand leisten wird, sodass es also vom Zeitpunkt des Briefschreibens aus die bevorstehenden Tage wären, oder ob es das ist, was uns nach der gegenwärtigen Zeit und nach unserem Auszug aus dieser Welt sofort begegnen wird.«[37]

Schon daran können wir erkennen, dass die heutigen offiziellen christlichen Ansichten über das Jenseits mit der damaligen Glaubensauffassung nicht immer deckungsgleich sind und sie sich der intellektuellen Menschheitsentwicklung angepasst haben.

Vom Saulus zum Paulus

Auch wenn Nahtoderfahrungen keinen unmittelbaren religiösen Charakter haben, werden sie bekanntlich oft als Schlüssel zu einem religiösen Verständnis gehandelt. Kann es sein, dass Nahtoderfahrungen oder ähnliche Erlebnisse, auch wenn sie unter anderen Umständen geschehen, religiöse Vorstellungen hervorrufen wie im Fall von Saulus, der dem auferstandenen Jesus Christus begegnet sein soll?

Der um das Jahr 65 vermutlich in Rom geborene Saulus war griechisch gebildeter Jude und ein gesetzestreuer Pharisäer. Die Apostelgeschichte (22, 4 ff.) beschreibt seine Wandlung und wie er zum christlichen Glauben bekehrt wurde. Auch seiner Meinung nach war die neue jüdische Sekte vom Weg abgekommen und verstieß damit gegen das Gesetz: »Ich habe die neue Lehre (das Christentum) verfolgt bis auf den Tod.« Auf dem Weg nach Damaskus soll er auf einmal von einem Licht »umleuchtet« worden sein, das vom Himmel kam. Dann hörte er eine Stimme, die offensichtlich Jesus gehörte, der fragte: »Saul, Saul, was verfolgst du mich?« Seine Begleiter sahen auch das Licht, hörten aber die Stimme Jesu nicht. Als er wegen seiner Erneuerung vor Gericht stand, sagte er: »... ich bin mit allem guten Gewissen gewandelt vor Gott bis auf diesen Tag.«

Mit den lückenhaften Informationen können wir nicht erkennen, ob es sich bei Paulus, wie er sich daraufhin nannte, um eine Nahtoderfahrung handelte. Ich glaube, eher nicht.

Dagegen spricht beispielsweise, dass das Licht auch von anderen gesehen worden sein soll. Und es widerspricht unserer Begriffsbestimmung in Hinblick auf eine körperliche oder psychische Grenzsituation, weil von einer solchen nirgends die Rede ist. Andererseits kann es genauso gut sein, dass nicht alle Elemente für den Schreiber erwähnenswert waren oder dass sich Paulus selbst auf die wesentlichen Erlebnisinhalte konzentrierte. Unzweifelhaft ist aber seine grundlegende Veränderung und religiöse Neuorientierung nach der Begegnung mit einem Wesen, das nach diesseitigen Vorstellungen nicht mehr unter uns weilen dürfte – um es mal etwas profaner zu formulieren.

Die Bibel ist voll solcher Stellen, die aus heutiger Sicht paranormale Begegnungen und Situationen beschreiben. Leider werden sie in der Auslegung häufig auf die Gestalten der Heiligen Schrift beschränkt und allerhöchstens den eigenen klerikalen Reihen zugestanden, sieht man einmal von den Wundertätigen auch späterer Zeiten ab, die sich einer peniblen Überprüfung unterziehen müssen, bis eine vollständige Akzeptanz garantiert ist. Natürlich ist das bis zu einem gewissen Maß nötig, denn Scharlatanerie macht auch vor der Kirche nicht halt. Doch die alltäglichen kleinen Wunder und Begegnungen sollten wir damit nicht ins Reich des Fantastischen verschieben und damit weg von der eigenen Religion.

Ich selbst stieß mit meinen Erlebnissen und bei Veranstaltungen, die ähnliche Themen behandelten, zuweilen auf beinah erbitterten Widerstand seitens der Kirche, allerdings ohne sachliche Auseinandersetzung. Für mich klang das stets wie eine Abwertung der menschlichen Erlebnismöglichkeiten. Aber ich setze hier nicht zur kirchlichen Kritik an, denn es »menschelt« auch dort, und vielleicht sahen die Betreffenden ihre Felle davonschwimmen und ihre Pfründe bedroht.

Allerdings traf ich auch Kirchenvertreter, die diesen Themen offen gegenüberstanden, selbst einschlägige Erfahrungen gemacht hatten und dadurch eines Besseren belehrt worden waren. Doch wie im medizinischen wird auch im institutionellen kirchlichen Bereich damit sehr zurückhaltend umgegangen, und eigene Erlebnisse dieser Art werden nicht selten verschwiegen.

Hildegard von Bingen

Die Äbtissin Hildegard von Bingen stand mit dem Jenseits im regen Kontakt. Eine ganze Heilslehre basiert auf dem, was sie dort sah. Sie war Mystikerin, Komponistin, Dichterin und die wahrscheinlich erste »Naturärztin« in unserem Sinne. Im Oktober des Jahres 2012 erhob Papst Benedikt XVI. sie zur Kirchenlehrerin.1098 in Bermersheim geboren, wurde Hildegard in ihrem achten Lebensjahr gemeinsam mit der vierzehnjährigen Jutta von Sponheim zur religiösen Erziehung übergeben. Beide bezogen 1112 das neu errichtete

Benediktinerkloster auf dem Disibodenberg (Bad Sobernheim/Rheinland-Pfalz), in dem Hildegard von da an als »Inklusin« (Eingeschlossene) weilte. Im Jahr 1141 empfing sie ihren ersten Aufruf zur schriftlichen Niederlegung einer Vision:

> »Es geschah im Jahre 1141 nach der Menschwerdung des Gottessohnes Jesus Christus, als ich 42 Jahre und 7 Monate alt war. Aus dem offenen Himmel fuhr blitzend ein feuriges Licht hernieder. Es durchdrang mein Gehirn und setzte mein Herz und die ganze Brust wie eine Flamme in Brand; es verbrannte nicht, war aber heiß, wie die Sonne den Gegenstand erwärmt, auf den ihre Strahlen fallen. Und plötzlich erhielt ich die Einsicht in die Schriftauslegung, in den Psalter, die Evangelien und die übrigen katholischen Bücher des Alten und Neuen Testaments.«[38]

Insgesamt schien Hildegard, begnadet von ihrem Ruf, nicht nur himmelhochjauchzend, sondern gelegentlich auch zu Tode betrübt gewesen zu sein. Häufig war sie so krank, dass sie das Bett nicht verlassen konnte, und überhaupt war sie körperlich sehr labil.

Hildegard von Bingen bekam den Auftrag zu schreiben sozusagen von allerhöchster Stelle. Alles begann in der frühen Kindheit, als sie ihre erste direkte Begegnung mit dem uns bekannten Licht hatte, aus Angst aber niemandem davon erzählte. Ob es sich dabei während einer schweren Krankheit um eine Nahtoderfahrung handelte, können wir nicht sagen. Was wir aber sicher annehmen können, ist, dass es sich dabei um ein Erlebnis handelt, das den Beginn eines für das Jenseits aufgeschlossenen Bewusstseins markiert. Dies öffnete ihr auch die Türen für ihre spätere Schau.

Hildegard stand vor der gleichen Herausforderung wie alle anderen Menschen, die kosmische Begegnungen, gleich welcher Art, haben. Diese Erlebnisse sollte sie ins Diesseits übersetzen und die erfahrene jenseitige Qualität durch verständliche Bilder und Begriffe vermitteln. Für sie war das offensichtlich weniger ein Problem, weil sie in ihrem religiösen System fest eingebunden war und das Erfahrene einer bestimmten Terminologie zuordnen konnte. Zuvor sprach sie mit niemandem darüber und eröffnete auch ihre Begegnungen aus der Kindheit erst zu späterer Zeit.

Auffällig ist auch die Aktualität Hildegards und ihre Bedeutung bis zur Gegenwart. Sie legte sich nicht nur mit führenden Autoritäten ihrer Zeit an und gab so ein frühes Beispiel für die Emanzipation von überkommenen Vorstellungen, sondern entwickelte auch ein Gesundheitssystem, das immer noch viele Anhänger findet.

Religiosität in unserer Zeit

Die Entwicklung des Bewusstseins geht mit der Entwicklung der menschlichen Kultur Hand in Hand. So ist die Akzeptanz dessen, was wir nicht sehen können und trotzdem wirkt, einem stetigen Wandel unterworfen. In der Gegenwart scheinen wir uns wieder zu besinnen und zu den Werten der alten Zeiten zurückkehren zu wollen, auch weil uns dieser stete Drang nach Kontrolle und Logik nicht wirklich weitergebracht hat.

Das Öffnen der Welt, die Globalisierung, hat wie gesagt auch ihr Gutes. Sie lässt uns bei all dem Einfluss von außen fragen, wer wir sind, um uns von anderen noch unterscheiden zu können. Die Globalisierung erfasst viele Ebenen des Lebens. Ob in den Religionen, Traditionen oder, weniger segensreich, in der Finanzwelt. Mit der Frage, wer wir sind, bekommen wir auch wieder Kontakt zu unseren eigenen Wurzeln, sehen uns aber gleichzeitig in Lebensweisen anderer Völker um und ziehen Parallelen. Wir kommen darauf, dass wir da gar nicht so weit von anderen entfernt sind, und es sind eher äußere Formen, die den Okzident vom Orient in grundlegenden Fragen unterscheiden. Im Grunde genommen haben wir alle die gleichen Bedürfnisse, aber unterschiedliche Ideen, sie zu verwirklichen. Dahinter steckt auch bei allen Menschen eine Idee vom Jenseits, die in unseren Breitengraden leider Gottes weitgehend in Vergessenheit geraten oder für unsere Zwecke materialisiert worden ist.

Hinter allen Religionen und Lebensformen stecken also die gleichen natürlichen Prozesse, sie sind nur je nach den existenziellen Voraussetzungen anders interpretiert und in die jeweilige Sprache transponiert worden. Dass hier Übersetzungsfehler auftreten, soll uns nicht verwundern. Wollen wir den geistigen Hintergrund verstehen, müssen wir uns vielmehr auf die Essenz konzentrieren und keine Wortklaubereien betreiben. Deshalb können Religionen getrost gleichberechtigt nebeneinander ausgeführt werden, weil sie in unterschiedlichen Sprachen Ausdruck ein und derselben Information sind.

Auch andere christliche Werke außerhalb der Bibel stützen einen offenen Umgang mit den kosmischen Welten. So ist in der *Pistis Sophia*, einem der wichtigsten koptisch-gnostischen Texte, von einer jenseitigen strukturierten Ordnung die Rede, die fast schon an schamanische Vorstellungen erinnert und vielleicht Hinweise darauf gibt, weshalb trotz Kernerlebnissen unterschiedliche Erfahrungen in unterschiedlichen Gegenden gemacht werden können.

Diesem Text zufolge soll Jesus noch elf Jahre, nachdem er von den Toten auferstanden war, seine Jünger gelehrt und in die erste Stufe der Mysterien eingeweiht haben. Die *Pistis Sophia* beginnt mit einer Allegorie vom Tod und von der Auferstehung Jesu, wodurch generell der Auf- und Abstieg der Seele dargestellt wird. Neben einer Beschreibung der wichtigsten Gestalten der gnostischen Kosmologie wird auch noch ein Spektrum von 32 menschlichen Begierden aufgezählt, die zur Erlangung unserer Erlösung überwunden werden müssen.

Die *Pistis Sophia* bekam ihren Namen von einem Nachfolger des ersten bekannten Eigentümers, der sie als Handschrift studieren wollte. Nachdem man sich ausgiebig mit ihr beschäftigt hatte, wurde sie auf das Jahr 180 datiert, auch wenn die Meinungen hier auseinandergehen. Einige Stellen der *Pistis Sophia* lassen zweifellos auf ihre ägyptische Herkunft schließen. Alles in allem ist sie wenig bekannt, und im Vergleich zu manch anderen Schriften der christlichen Kultur tritt sie dezent in den Hintergrund, was vermutlich an ihrem gnostischen Inhalt liegt und sich so dem Kanon entzieht.

Wir finden also wie gezeigt viele Parallelen zwischen dem, was während Nahtoderfahrungen grundsätzlich erlebt wird, und (christlich-)spirituellen und mystischen Wegen, wie sie bis in die heutige Zeit beschrieben werden. Bringt man sie auf einen elementaren Nenner und erfasst man die Inhalte als qualitative Elemente, die diesseitig interpretiert werden, ergeben sich frappierende Übereinstimmungen auch mit anderen spirituellen Traditionen, die ihrer eigenen Kultur entsprechend gedeutet werden.

Spiritismus und Spiritualismus

Mit unserem Thema bewegen wir uns thematisch in der Nähe des Spiritismus und des Spiritualismus, die für so manchen einen faden Beigeschmack haben, vor allem oder auch weil in der Vergangenheit mit den Bedürfnissen und Hoffnungen der Menschen unter diesen Begriffen viel Schindluder getrieben wurde. Trotzdem sind wir mit einer seriösen Beschäftigung gar nicht weit von unseren gemeinsamen Wurzeln in der Geschichte entfernt. Eine der Fallen in der westlichen Welt ist, dass wir ihre Methoden auch auf das Nichterklärbare übertragen, was in sich die Gefahr des Scheiterns birgt:

> »Die missliche Lage der westlichen Kultur besteht darin, dass sie sich nur auf Vorhersehbares einlassen will, und deshalb aus Ritualen Zeremonien gemacht hat. Sie muss sich immer wieder selbst bestätigen, dass sie die Kontrolle über das Schicksal hat – deshalb muss das Ergebnis ihrer spirituellen Handlungen feststehen.«[39]

Auch ich musste lernen, dass es nicht möglich ist, dem Jenseits eine diesseitige Verständigung aufzudrängen. Es sind eigene Welten und Möglichkeiten, die lebendig und nicht kontrollierbar sind. Dem Spiritismus stand ich sehr skeptisch gegenüber, ich fing aber eines Tages an, mich ernsthaft damit auseinanderzusetzen, um mir ein objektiveres Urteil darüber erlauben zu können. Immerhin würde mir diese Perspektive eventuell mehr Einblick in die erlebten Aspekte von Nahtoderfahrungen bieten, besonders der heiklen Begegnungen mit Verstorbenen. Deshalb kam ich eigentlich gar nicht umhin, mir auch den Spiritismus zum Thema zu machen.

Sowohl der Spiritismus als auch die traditionelle angelsächsische Richtung des Spiritualismus haben eine Geschichte, und die bezeichnet eine soziokulturelle Entwicklung bis zum heutigen Tag. Der Kontakt mit dem Jenseits hat überall auf der Welt eine lange Tradition und wurde immer wieder durch die Dominanz anderer kultureller Größen unterbrochen, aber nie ganz vergessen. Politische und soziale Umwälzungen sind solche Größen wie auch die psychischen Konsequenzen von Kriegen und Unruhen, bei denen wir uns nach einer kontrollierbaren und vorhersehbaren Zukunft sehnten, wie sie der Materialismus versprach.

In organisierter Form nahm der Spiritismus Mitte des 19. Jahrhunderts seinen Anfang und trat über viele Länder des Westens seinen Siegeszug an. Damals beschäftigte sich die Wissenschaft ausgiebig mit Klopfphänomenen und telekinetischen Sensationen. Und auch medial begabte Menschen standen der Forschung zur Verfügung. Allen voran die Psychologie experimentierte unter wissenschaftlichen Bedingungen mit jenseitigen Botschaften. Weiter die Physik, Chemie und Biologie. Bekannte Vertreter dieses Interesses waren William Crookes, der das Element Thallium entdeckte, der Physiker und Nobelpreisträger Oliver Lodge oder der Naturforscher Alfred Russell Wallace, der gleichzeitig und unabhängig von Darwin ähnliche Ideen zur Evolution hatte. Zu dieser Zeit setzte sich die Industrialisierung endgültig durch, und die Naturwissenschaften begannen sich vollends zu etablieren. Gleichzeitig brachten soziale Veränderungen Unruhen mit sich, die auch unseriösen Entwicklungen fruchtbaren Boden lieferten. Es entstand ein beliebtes Spielfeld für apokalyptische Theorien und andere jenseitige Fantasien, denn nach einer sozialen Wandlung muss unbedingt etwas anderes kommen. Was seitdem unter dem Namen »Spiritismus« bekannt ist, war keine moderne Erscheinung, sondern bis dahin eben noch nicht der breiten Öffentlichkeit bekannt geworden:

> »Schon im Altertum kannte man diese Phänomene, und Kaiser Valens, der 376 bei Adrianopel gegen die Goten fiel, ließ – darin noch gründlicher als die Braunschweiger Justiz gegen die Kettelhuts – die beiden ›Okkultisten‹ Hilarius und Patricius hinrichten, weil sie durch Tischrücken hatten herausbekommen wollen, wann der Kaiser stürbe und wer sein Nachfolger würde. Der römische Geschichtsschreiber Ammian erzählte dazu noch, Valens habe auch den an seinem Hof lebenden Theodorus hinrichten lassen, weil Hilarius und Patricius bei ihrem Versuch die Buchstaben THEO gesagt worden waren … Auch Paracelsus kennt Klopfgeister und schreibt darüber in seinem Werk De signatura rerum.«[40]

Damals war die Auseinandersetzung mit diesen Themen keine Freizeitbeschäftigung des »gewöhnlichen Volkes«, sondern durchaus »Wissensbestand der gebildeten Elite«.

Kürzen wir die Geschichte ab und betreten wir die jüngste Vergangenheit. Die Zeit nach dem Zweiten Weltkrieg trieb das »Irrationale« in den Hintergrund, zumal die Schergen des Dritten Reichs sich okkulter Themen angenommen und sie für ihre Zwecke missbraucht hatten. Bis heute besteht zwar noch ein Interesse am Spiritismus, doch hat der Spiritualismus ihm den Rang abgelaufen. Ohne uns mit Begrifflichkeiten aufzuhalten, lassen wir noch einmal Paul Meek, eines der bekanntesten Medien Europas, zu Wort kommen und lehnen uns an seine Unterscheidung an:

> »Spiritualismus hat in England eine hundertzwanzigjährige Tradition und ist mit dem Spiritismus, wie wir ihn in Deutschland kennen, nicht zu verwechseln. In den englischsprechenden Ländern ist der Spiritualismus eine anerkannte Religion. Dort haben sie eigene Kirchen. In diesen Kirchen pflegen sie Kontakt zur geistigen Welt.«

Wenn ich wissen will, wohin wir gehen, wenn wir sterben, und wie es dazu kommen kann, dass wir andere Wesen und Verstorbene treffen, frage ich dort nach, wo vielleicht eine Antwort auf diese Frage möglich ist, weil ein Kontakt im Leben zu den Toten hergestellt werden kann. In der derzeitigen Literatur über unser Thema »Nahtoderfahrung« wird der

Spiritismus und der Spiritualismus vielleicht mal erwähnt, rückt aber auch aufgrund des fehlenden wissenschaftlichen Interesses in eine vernachlässigte Position, obwohl unser gemeinsames kulturelles geistiges Erbe nach wie vor in uns verwurzelt ist und Jenseitskontakte relativ häufig vorkommen.

Bleiben wir nicht an diesen beiden Begriffen »Spiritismus« und »Spiritualismus« haften. Halten wir uns einfach an die Inhalte. Wir sind wohlgemerkt immer noch bei den Gemeinsamkeiten zwischen Nahtoderfahrungen und mystischen sowie spirituellen Wegen.

Während des Sterbens reisen wir auf scheinbar unbekannten Wegen mit dem Ziel einer anderen Wirklichkeit, die wir »Tod« nennen. Überall auf der Welt gibt es dazu Ideen, Beschreibungen, was genau geschieht, wohin wir reisen und wie wir uns darauf vorbereiten können. Die einzelnen Elemente von Nahtoderfahrungen kommen auch in der Mystik und Spiritualität zur Sprache, von denen wir eventuell Aufschluss bekommen können. Deshalb widmen wir uns ihnen, um die Möglichkeiten zu untersuchen, wie wir Stationen der Reise in den Tod schon im Leben begegnen können. Wir stellen uns dabei die Frage, ob es Ziel einzelner mystischer und spiritueller Traditionen ist, uns so auf diese »letzte« Reise vorzubereiten.

Bei genauerer Betrachtung und wenn wir die Berichte der Reisenden wirklich ernst nehmen, seien es Nahtoderfahrene, Mystiker, Spiritualisten oder andere spirituelle Kulturen, sind gemeinsame Erlebnisse offensichtlich. Daraus ergibt sich die Aufgabe im Leben, eine Befähigung für das Sterben und das Leben im Tod zu entwickeln. Allen gemeinsam geht es um einen erweiterten Zustand des Bewusstseins, ein Öffnen der Grenzen des Alltags durch bestimmte Voraussetzungen und Übungen.

Die Ideen der Alten und der Neuen Welt sind nahezu identisch, auch wenn sie mit unterschiedlichen Begriffen umgehen. Nach Meinung mancher Forscher stand sogar der eine oder andere griechische Philosoph unter dem Einfluss bewusstseinserweiternder Drogen und kam so trotz des Anspruchs auf Logik auf seine Jenseitstheorien. In der industrialisierten Welt lösten mit einigen Zwischenschritten die spiritualistischen Lebensweisen die schamanische Naturgeschichte ab:

> »Der Schamanismus ist sehr mit der Natur verbunden. Ich bin gebürtiger Waliser. Kinder singen dort immer noch sehr mystische Lieder über die Kraft der Mistel. Als Kind habe ich das nicht verstanden. Heute weiß jeder Arzt und Heilpraktiker von ihrer Kraft in der Krebstherapie. Die Kelten wussten das schon vor mehr als tausend Jahren. Schamanen gehen in Trance, werden ekstatisch. Sie haben Kontakt zu höheren Wesen. Bei ihnen gibt es Krafttiere, bei uns Geistführer. Wir beten und singen Kirchenlieder.« (Meek)

Gibt es wirklich einen Unterschied oder sind es die gleichen Prozesse im jeweilig anderen kulturellen Kleid? Wenn ich Schamanen danach frage, ob sie während Nahtoderfahrungen Ähnliches wie Spiritualisten erleben, was sich wiederum von ganz »normalen« Menschen, die in keiner bewussten spirituellen Welt leben, nicht unterscheidet, so findet sich in all den Berichten kein grundlegender Unterschied. Es muss also etwas Übergreifendes geben, was allen gemein ist. Selbst wenn sich die Interpretationen unterscheiden, sind wir alle eins. Alle Religionen haben das gleiche Fundament. Dieses Fundament wird heute noch direkt erlebt. Die Gemeinsamkeiten sind nicht zu übersehen. Warum also streiten, welche Religion die richtige ist? Damit sind Jenseitserfahrungen im heutigen Sinne nicht primär religiös, sondern Ausdruck einer dahinterliegenden gemeinsamen Wirklichkeit. Eine Versöhnung ist somit denkbar und machbar, solange das Prinzip der Liebe und des Friedens das zentrale Thema bleibt.

Wenn es eine Schnittstelle zwischen Diesseits und Jenseits gibt und wenn im Jenseits Verstorbene erlebt werden können, dann ist das auch aus dem Diesseits möglich, wir müssen nur in den Zustand eines erweiterten Bewusstseins gelangen. Wie wir gesehen haben, kann dies freiwillig oder unfreiwillig geschehen. Ein Medium wie Paul Meek steht dabei als Mittler zwischen den beiden Welten zur Verfügung. Er fungiert als ein Empfänger, durch den sich Geistwesen aus der anderen Welt bemerkbar machen können. Seiner

Meinung nach sind sie ohnehin ständig unter uns, sehen aber diese Welt mit den Augen des Jenseits. Was die Verbindung ausmacht, ist das »Band der Liebe«:

> »Wenn du im Jenseits eine geliebte Mutter hast und die Liebe ist sehr stark, dann ist es ihr ganz bewusst, wie es ihrem Kind auf der Erde geht. Wenn du durch eine emotionale Krise gehst, deinen Job wechselst oder eine Scheidung bevorsteht, bekommt sie das in jedem Falle mit. Das ist für sie kein Leid oder eine seelische Belastung. All das sieht sie nicht mehr mit menschlichen Augen. Sie weiß, dass das für dich alles ein Lernprozess ist und dass er eines Tages ein Ende nimmt.« (Meek)

Nahtoderfahrene zweifeln nicht an einem Leben nach dem Tod, weil sie bereits auf dem Weg dorthin die Erfahrung machen durften, auch ohne den Körper weiterleben zu können. Warum also soll dies im Tod anders sein? Und warum soll es keine Informationen von Verstorbenen geben, die wir im Diesseits empfangen können? Dass irgendeine andere Welt, gleich, wie sie aussieht und wie man dorthin gelangt, Einfluss auf unseren Alltag hat, bezweifeln die wenigsten.

Nahtoderfahrungen und Islam: Sufismus

Auch im Islam finden wir aus unserer Perspektive erstaunliche Gemeinsamkeiten von mystischen Wegen zu Nahtoderfahrungen. Der Islam kennt ebenso das Gericht, das Licht, eine Vielzahl an Welten und paradiesische Zustände im Jenseits:

> »Der Sufismus lehrt, dass die Gesamtheit der Existenz nicht zu erfassen ist, wenn man sie nur mit den Methoden unseres Jedermannbewusstseins untersucht. Das liegt zum Teil daran, dass man zwar die Frage ›Was ist eigentlich der Sinn des Ganzen?‹ in einem rein begrifflich vernünftigen Satz stellen kann, die Antwort darauf jedoch nicht auf gleiche Weise zu geben ist. Die Antwort erhält man durch Erfahrung, durch Erleuchtung.«[41]

Wie andere Religionen auch bedient sich der Islam verschiedener Schulen, um seinem innersten Wesen Ausdruck zu verleihen. Wie im Christentum, Judentum oder im Buddhismus auch werden die heiligen Schriften unterschiedlich interpretiert. Der Sufismus ist der mystische Kern, der mystische Weg des Islam. Hier spricht man oft von Okkultismus, Magie und Mystik, meint damit aber nicht die westlichen Assoziationen. In der Tradition der Sufis legt man viel Wert auf eine Schüler-Meister-Konstellation, um den mystischen Pfad zu beschreiten: »Er ist okkult und mystisch in dem Sinne, dass er einen anderen Pfad verfolgt als den von Dogmen und Autoritäten einzig als wahr bezeichneten.«[42]

Sehen wir auch hier etwas genauer hin, um die Jenseitsvorstellungen deutlich zu machen ebenso wie das Bestreben, die unmittelbaren Erfahrungen schon im Diesseits zu erleben. Der bereits genannte Soziologe und Sufismus-Experte André Ahmed Al Habib sagte im Telefon-Interview dazu:

»Im Islam sind die Himmel und die Paradiese essenziell wichtig. Das Betreten der Himmel und das Sehen der Paradiese ist auch für normale Menschen möglich. Bei uns geschieht das vor allem durch Meditationen und die Lektionen des Koran. Im Islam gibt es die Himmel, die Paradiese, die Hölle und noch andere Welten. Die Himmel sind Ebenen, die in dieser Welt liegen.

Beschrieben in ihrem Aufbau sind sie in den Suren des Propheten Mohammed. Darüber gibt es unterschiedliche Erklärungsmuster. Es gibt sieben Himmel, und jeder ist eine unglaubliche Wesenheit. Nach den Himmeln sieht man den Thron Gottes. Hat man ihn erblickt, sieht man auch die Paradiese. Die Paradiese selbst sind noch einmal spezielle Orte, die auf den Menschen zugeschnitten sind. Sie sind Orte der Glückseligkeit und sehr sinnlich. Es gibt männliche und weibliche Elfenwesen, Früchte, Flüsse und alles Mögliche. Vom Paradies aus sieht man den Thron Gottes. Dort leben auch Menschen, die den Menschen auf der Erde Informationen geben und auch ihre Geschicke lenken.

> Es gibt sieben Himmel und sieben Höllen. Die Höllen sind die Orte der menschlichen Konsequenz, hat man sich vom göttlichen Weg abgewandt. Sowohl in der Sunna, in den Beschreibungen des Propheten Mohammed, als auch im Koran werden die Höllen genau beschrieben.«

Weil wir das Jenseits schon hier auf Erden erleben können, muss es bei entsprechender Lebensweise einen direkten Zugang geben. Alle Religionen haben ihrer Kultur gemäß dafür einen Weg, dies zu erreichen. Damit ist es möglich, schon einen Einblick in das zu bekommen, was uns beim Sterben und im Tod erwartet. Natürlich gibt es unterschiedliche Ansichten darüber, auch innerhalb einer Religion. Wobei es den Rahmen sprengen würde, auf diese intellektuellen Auseinandersetzungen einzugehen.

Bei allen mystischen Traditionen geht es darum, sein Leben auf Spiritualität und Mystik zu konzentrieren, und zwar mit dem Ziel, seiner wahren Natur immer ein Stück näher zu kommen. Erst mit einer begrifflichen Erklärung wird der Weg und das Erlebnis selbst zur Religion. Die jenseitigen Qualitäten des Erlebens können nicht in Worte gefasst werden und sind unabhängig von institutionellen Glaubensinhalten. Sie lassen den Weg erst begreifen und bieten eine Reiseroute an, die der jeweiligen Kultur entspricht, sodass sie auch verstanden werden kann. Deshalb hat das Göttliche, die Natur, verschiedene Wege und Religionen sprichwörtlich ins Leben gerufen. Wenn die jenseitige Welt schon im Hier und Jetzt erfahrbar ist, können wir von einer Art Brücke, von einer Schnittstelle, zwischen diesen beiden Seinsformen und den unterschiedlichen Welten ausgehen. Ansonsten wäre eine spirituelle oder mystische Erfahrung aus dem irdischen Leben heraus nicht möglich. Al Habib weiter:

> »Der mystische Islam hat die Erfahrung, die Präsenz des Lichts zum Ziel. Es gibt einige Stellen im Koran, die beschreiben, dass sich die Menschen mit Allah vereinigen sollen. Die Menschen sollen tatsächlich danach streben, mit Gott zusammenzukommen. Sie sollen in Gott aufgehen. Der Islam selbst bietet viele Möglichkeiten, das zu erleben.
>
> Im Westen ist der Prophet Mohammed in seiner Rolle als Meditationslehrer noch nicht sehr bekannt. Er gibt eine Vielzahl an Übungen vor, die zeigen sollen, wie die Menschen mystische Erlebnisse erfahren können. Die islamische Form, die man von außen kennt, ist der Träger der Mystik. Die Mystik ist das Eigentliche im Islam. Man kann sie aber mit Nahtoderfahrungen noch nicht vergleichen.
>
> Mit der Koranlektüre kann man schon in diesem Leben Einblick in die Himmel, Höllen und Paradiese bekommen. Die Grundübung ist das Beten, weiter kann man meditieren, sich rein halten, keine Dinge essen, die giftig sind, und natürlich immer wieder den Koran lesen. Und wenn man den Koran mit einer bestimmten Absicht liest, kann man im Traum tatsächlich vollkommene Welten sehen.«

Einige Aspekte, die wir von Nahtoderfahrungen kennen, begegnen uns dennoch auch auf diesem Weg. Der Mensch soll vom göttlichen Licht durchflutet werden, er kann schon in diesem Leben jenseitige Welten betreten. Damit kann er auch schon einer Art Gericht begegnen, und außerkörperliche Erfahrungen sind dem Islam ebenfalls bekannt und werden in einigen Schulen gelehrt:

> »Das Thema Astralreisen ist auch im Islam verbreitet. Wie bei anderen Religionen auch. Das Sehen der Paradiese erleben wir im Schlaf. Es ist ein Geschenk Allahs. Diese Träume sind sehr klar und intensiv. Dann sieht man die paradiesischen Gärten mit ihrer unvorstellbaren Vollkommenheit. Die bekannteste Astralreise ist die Himmelfahrt des Propheten, worüber es in der islamischen Theologie Diskussionen gibt. In einigen Schulen gibt es Übungen für Astralreisen.« (Al Habib)

Jede Religion hat ihren mystischen Kern, der uns auf den Hinübergang in die andere Welt vorbereitet und zeigt, dass die andere Welt ringsumher vorhanden ist. Wir können sie schon jetzt erleben, wenn wir uns darauf einlassen. Damit möchte ich auch schamanische Traditionen, Naturreligionen und andere Glaubenssysteme mit einschließen, die sich dem Wohl der Menschen verpflichtet fühlen:

»Ich hüte mich aus gutem Grund, Religion definieren zu wollen. Doch kann ich genau sagen, wo Religion beginnt. Sie beginnt dort, wo Menschen sich mehr mit einem Leichnam beschäftigen, als zu seiner bloßen Beseitigung notwendig ist.«[43]

Im Islam, wie in anderen Religionen auch, ist das mystische Erleben »das Eintauchen in die Realität«:

»Mystik selbst kann man nicht in Worte fassen. Man kann sie nicht definieren. Man kann versuchen, sie zu beschreiben. Es ist ein Zustand, bei dem man erkennt, dass alles in Ordnung ist. Es entsteht eine große Ruhe und ein großes Liebesgefühl. Dann erkennt man auch, dass alles mit allem verbunden ist. Mystische Zustände sind für alle erreichbar, sogar für Atheisten. Religionen weisen darauf hin, wie man dieses Ziel erreichen kann. Fehlt ein religiöser Rahmen, versiegt dieser Zustand wieder.« (Al Habib)

Nahtoderfahrungen und Buddhismus

Auch der Buddhismus kennt viele Welten, Bereiche des Lebens und, was weniger bekannt ist, auch Höllen. Die buddhistische Lehre, das Dharma (Gesetz), führte zu einem unüberblickbaren Material unzusammenhängender Schriften, aus dem sich ebenfalls unterschiedliche Schulen herauskristallisiert haben, die aber alle einen gemeinsamen Kern aufweisen.

Die Lehre des Buddha versteht sich als die Vorbereitung im Leben auf das Sterben und das Danach. Zwischen dem Leben und dem Tod gibt es noch andere Realitäten, die »Bardo« genannt werden. Dieser Begriff erklärt den Übergang, die Lehren des Bardo:

> »Es ist eine Art Reiseführer durch die Nahtod-Zustände und wurde speziell dazu geschaffen, einem Sterbenden von einem Meister oder spirituellen Freund während seines Todes und danach vorgelesen zu werden. In Tibet kennt man ›fünf Methoden des Erlangens von Erleuchtung ohne Meditation‹: durch Sehen eines großen Meisters oder eines heiligen Objektes, durch Tragen von besonders gesegneten Zeichnungen oder Mandalas mit heiligen Mantras auf dem Körper, durch Schmecken von besonderem, gesegnetem Nektar, der von Meistern durch spezielle, intensive Praktiken geweiht wurde, durch Erinnern der Übertragung des Bewusstseins (Phowa) im Moment des Todes sowie durch Hören bestimmter tiefgründiger Lehren, wie eben der Großen Befreiung durch Hören im Bardo.«[44]

Der große Unterschied zu vielen anderen Religionen, wenn man den Buddhismus als Religion verstehen mag, ist seine unpersönliche Maxime. Dem unterworfen ist auch die Reise der Seele. Im Buddhismus gibt es keinen strafenden oder richtenden Gott, sondern nur das Verhalten, das sich nach und nach entwickelt und auf den Verursacher zurückfallen wird. Damit kennen wir die Ursache und Wirkung dessen, was wir denken, fühlen und tun, wie auch aus dem Christentum und dem Islam. Bei näherer Betrachtung und wenn wir wieder die essenziellen Botschaften ansehen, erkennen wir auch hier das Gemeinsame aller Religionen.

Das Bewusstsein nimmt im Buddhismus einen großen Raum ein. Dort glaubt man an die »Kontinuität des Geistes«. Im Gegensatz zu manch anderen Ideen der Reinkarnation aber gibt es keine persönliche Instanz im Einzelnen, die nach dem Tode weiterlebt, sondern eher eine Qualität, die sich aus den Taten des Diesseits speist. So ist es durchaus möglich, auch in einer völlig anderen Existenzform wiedergeboren zu werden, beispielsweise in Form einer Pflanze oder eines Tieres, was uns im Westen etwas befremdlich erscheint. In diesem Leben führt das zu einem sehr achtsamen Umgang mit der Natur, schließlich könnte eine Blume, die ich zertrete, oder ein Tier, das ich schlecht behandle, ein Mensch gewesen sein oder zu einem werden.

Auch der buddhistische Weg ist ein mystischer. Dort spricht man von Erleuchtung, wenn durch ein bestimmtes Leben die wahre »Natur des Geistes« erfahren wird:

> »Erleuchtung ist real, und jeder von uns, wer immer wir auch sein mögen, kann unter geeigneten Umständen und

mit der richtigen Schulung die Natur des Geistes verwirklichen und so das Unvergängliche und ewig Reine in sich selbst finden. Dieses Versprechen aller mystischer Traditionen der Welt ist in Abertausenden von Menschen bis zum heutigen Tag in Erfüllung gegangen.«[45]

Nach diesen Aussagen ist das Aufgehen im Licht während der Reise in den Tod oder im Erleben einer Nahtoderfahrung ein erleuchteter Moment. Er ist mystisch und findet in einem spirituellen Zusammenhang statt. Der Buddhismus kennt wie alle anderen Religionen das Licht und die Liebe, die sich bei rechter Lebensführung und Übung in uns verwirklichen können. Die Basis, um im Sinne des Buddhismus dahin zu gelangen, bilden die Vier Edlen Wahrheiten: erstens das Leiden, das heißt das »Anhaften« an weltlichen Dingen, zweitens die Sinneslust, die dazu führt. Drittens geht es um die Auflösung dieser Lust und viertens um den Weg, wie man dieses Leid beenden kann, nämlich durch den sogenannten »Achtfachen Pfad«.

Auch hier geht es um die Liebe und das Licht, darum, schon im Leben in den Genuss zu kommen, den wir auf dem Weg in den Tod erfahren können. Es geht darum, das Bewusstsein nach Hause zu bringen. Dies wird von Nahtoderfahrenen so auch immer wieder formuliert: Ihr Erleben bedeutet ein Nach-Hause-Kommen.

Nahtoderfahrungen und Judentum: Oskar Goldberg

Das Judentum hat ebenfalls metaphysische Riten. Ich will auch hier nicht bis ins Detail darauf eingehen. Ich habe mich auf meinem Weg zwar damit beschäftigt, doch kann und möchte ich nicht für andere Glaubenssysteme sprechen und schon gar nicht den Anschein einer Expertise erwecken. Trotzdem möchte ich Ihnen nicht vorenthalten, auf welche Themenkreise ich während meiner Suche stieß. So will ich mich, was das Judentum betrifft, an dieser Stelle auf einen Mann konzentrieren, dessen Lektüre mich bis heute fasziniert.

Oskar Goldberg (1885–1953) war orthodoxer Jude. Ihm ging es nicht um eine historische Deutung der jüdisch-biblischen Tradition, sondern um die dahinter stehenden natürlichen Prozesse und ihre Wirkungen. Er schrieb mit einem metaphysischen Motiv und kümmerte sich um das, was hinter den Worten stand, ohne diese selbst zu vernachlässigen. Immerhin musste auch er sich begreiflich machen.

Für Goldberg bedeutet der Weltenbegriff »der Inbegriff alles dessen, was es überhaupt gibt, bestehend aus einem endlichen und einem unendlichen Teil«[46]. Dies kennen wir aus den bisher erfahrenen Wirklichkeiten von Jenseitsreisenden. Genau wie für den bereits zitierten Physiker Burkhard Heim ist für Goldberg das wirklich, was sich »in Raum und Zeit befindet«. Alles andere, also jenseits dieser Koordinaten, wird als möglich bezeichnet, kann in die Welt von Raum und Zeit, in unsere Alltagswelt gelangen. Mit Möglichkeit meint Goldberg aber nicht, dass das Jenseits nicht vorhanden ist, sondern es ist genauso wirklich wie alles andere. Was wir im Alltag erleben, sind die manifestierten Möglichkeiten aller Welten, und diese werden dadurch zu einem endlichen Konstrukt. Um diese Endlichkeit zu erhalten, gibt es das »Kausalitätsgesetz«, was auch verhindert, dass alle anderen Möglichkeiten einfließen können, deshalb aber nicht weniger wahr sind. Wäre das nicht so, wäre alles vollendet und keine Zeit mehr vorhanden. Im Umkehrschluss bedeutet dies, dass die endliche Welt, wie wir sie kennen, aus der Unendlichkeit entstanden ist, die auch heute noch ihren Einfluss geltend macht.

Sie sehen schon: Für Ungeübte ist Goldberg nicht leicht zu verstehen, wie viele, die außergewöhnliche Ansichten haben. Und auch ich kann nur mein persönliches Verständnis seiner Thesen formulieren.

Weiter heißt es in Goldbergs Buch *Die Wirklichkeit der Hebräer* differenziert:

> »Die Terminologie des Pentateuch hinsichtlich des Begriffes ›Welt‹ ist folgende: Unter ›Welt‹ kann dreierlei verstanden werden: 1. Der Inbegriff alles dessen, was es gibt. Dies wird im Pentateuch durch einen Begriffs*komplex* bezeichnet, nämlich durch das Pluraletantum Schamajim (das mit ›Himmel‹ übersetzt wird, in diesem Zusammenhange

aber richtig mit ›Welt beziehungsweise Welten‹ zu übersetzen ist) in Verbindung mit Erez, Erde. Somit ist unter ›Ha-Schamajim und Ha-Arez‹, die im ersten Vers des Pentateuch erschaffen werden, die ›unendliche und die endliche Wirklichkeit‹ zu verstehen. 2. Die hiesige, ›dreidimensionale‹ Welt. Auch diese wird im Pentateuch (wie z. B. in der ›Birkat Iizchak‹ an Jakob) durch den Begriffskomplex ›Schamajim und Arez‹ bezeichnet. 3. Die Reihe der in sich abgeschlossenen Welten der endlichen Wirklichkeit heißt ›Scheme Ha-Schamajim‹, d. h. die ›Welten der Welten‹. Das sind die (wie die ›Sprossen einer Leiter‹) sich *übereinandertürmenden* Welten: es ist das die Bedeutung der *Leiter*, die Jakob in seinem Traume sieht, auf deren Sprossen, den *Welten*, die Elohim-Boten hinauf- und hinuntergehen.«[47]

Wir brauchen an dieser Stelle gar erst nicht den Versuch zu unternehmen, Goldberg gänzlich zu verstehen, und auch wenn wir uns nicht weiter mit diesen faszinierenden Ideen auseinandersetzen, sehen wir schon durch diesen kleinen Eindruck die Ähnlichkeiten der kosmischen Wirklichkeiten, wie sie allen Religionen gemein sind. Und bei näherer Betrachtung lassen sich auch hier die Gemeinsamkeiten mit den universalen Räumen, wie sie von Nahtoderfahrenen betreten werden, nicht leugnen, selbst wenn dahinter manchmal unterschiedliche Ansprüche stehen.

Heilung aus dem Jenseits

Durch Nahtoderfahrungen lernen wir die Zusammenhänge des Lebens kennen und erhalten durch sie die Möglichkeit, uns darüber ernsthaft Gedanken zu machen. Vielleicht hat es Sie schon ein wenig befremdet, in einem Buch über die Erfahrungen des herannahenden Todes und das, was dabei erlebt werden kann, auch etwas über Drogen zu lesen und ihre Verbindung mittels des »kosmischen Erlebnisraums« zu Nahtoderfahrungen. Auch mich hatte dieses Thema ebenso wie der Spiritismus, das, was die Religionen zu sagen haben, oder die spirituellen Medien dieser Welt kaum interessiert. Vieles war mir zu spekulativ gewesen. Erst als ich anfing, mich mit dem Phänomen Nahtoderfahrung zu beschäftigen, kam ich nicht umhin, mich auch mit diesen Themen zu beschäftigen. Darüber bin ich im Nachhinein sehr froh, denn dadurch habe ich viele Vorurteile ablegen können und mir mein eigenes Bild machen dürfen. Dabei hatte ich selbst mit Drogen nichts zu schaffen, und ich werde mich auch heute noch hüten, den kosmischen Raum mit diesen Mitteln zu betreten.

Spät erst konnte ich also den Jenseitsglauben, wie er in meinem Umfeld immer noch präsent ist, im eigenen Leben bemerken: Holunder vor Scheunen und Häusern, geomantische Zeichen an alten Bauernhäusern, die mystischen Rituale der Religionen oder das mystische Wissen über Pflanzen, wie es manche Menschen noch vermitteln können, wie wir mit Reliquien von Heiligen umgehen, und dass wir in modernen Zeiten immer mehr auf überlieferte Heilkünste schwören. Wie es scheint, besinnen wir uns auf unsere Wurzeln. Ich denke, dass Nahtoderfahrungen einen wichtigen Beitrag hierzu leisten, weil sie Wissenschaft und Erfahrung verbinden und das Bewusstseinsspektrum für Heilmöglichkeiten erweitern.

Rituale zur Kommunikation mit der jenseitigen Welt, die das Ziel haben, bei einer Problemlösung in der diesseitigen Welt Hilfe zu erhalten oder die Genesung von einer Krankheit günstig zu beeinflussen, sind also auch heute noch wichtige Bestandteile des täglichen Lebens, auf die viele Menschen schwören, oft ohne sich dessen explizit bewusst zu sein.

Beschließen wir dieses Kapitel mit Worten des Psychologen und Philosophen William James (1876–1907), der sich auch mit parapsychologischen Phänomenen beschäftigte, lesen wir, was er, heute noch viel zitiert, über Mystik zu sagen hat und wie er sie umschreibt. Vier Merkmale sind für ihn wichtig. Alle vier Merkmale treffen auch für mystische Erlebnisse während Nahtoderfahrungen zu, wobei sie nicht alle auftreten müssen:

> »Unaussprechlichkeit. – Das handfesteste Merkmal des von mir mystisch genannten Geisteszustandes ist negativ. Der Betroffene erklärt sofort, dass ihm der Ausdruck fehlt, dass er über den Inhalt seiner Erfahrung verbal nicht ange-

messen berichten kann. Daraus folgt, dass die Qualität dieses Zustands direkt erfahren werden muss; er kann anderen nicht mitgeteilt oder auf sie übertragen werden …

Noetische Qualität. – Obwohl Gefühlszuständen ähnlich, sind mystische Zustände für die, die sie erfahren, anscheinend auch Erkenntniszustände. Verbunden mit diesem Zustand sind Einsichten in Tiefen der Wahrheit, die vom diskursiven Verstand nicht ausgelotet werden. Es handelt sich um Erleuchtungen, Offenbarungen, die bedeutungsvoll und wichtig erscheinen, so unartikuliert sie im Ganzen bleiben; und in der Regel haben sie einen merkwürdigen Nachgeschmack von besonderer Autorität …

Flüchtigkeit. – Mystische Zustände können nicht für lange Zeit aufrechterhalten werden. Mit Ausnahme weniger Beispiele scheinen eine halbe Stunde oder höchstens eine Stunde oder zwei die zeitliche Grenze zu sein, nach der sie wieder in den Alltag eintauchen ...

Passivität. – Obwohl das Auftreten von mystischen Zuständen durch vorhergehende Willensleistungen erleichtert werden kann, etwa durch das Fixieren der Aufmerksamkeit oder durch gewisse körperliche Übungen oder auf andere, in mystischen Handbüchern vorgeschriebene Weisen, hat doch der Mystiker, wenn der charakteristische Bewusstseinszustand eingetreten ist, das Gefühl, sein eigener Wille sei außer Kraft gesetzt, und fühlt sich manchmal sogar von einer höheren Macht ergriffen und gehalten.«[48]

Abenteuer Jenseits

Bis heute ist meine Reise zwecks Ergründung des Themas »Nahtoderfahrung« ein Abenteuer, für das ich mich nicht unbedingt aus freien Stücken entschieden hatte. Dabei ging es mir wahrscheinlich wie vielen anderen, die von heute auf morgen ihre Koffer packten und auszogen, unbekannte Gefilde zu erforschen. Ich hatte keine Ahnung, wohin die Reise geht. Schlecht ausgestattet, ohne Karte und Kompass, machte ich mich auf den Weg.

Unterwegs traf ich viele Menschen, die mich einluden und mir unglaubliche Geschichten erzählten. Jeder von ihnen legte mir etwas in meinen Koffer und machte mir damit meine Reise etwas angenehmer. So wusste ich zumindest, dass ich nicht der Einzige auf diesen Wegen war. Keiner, dem ich begegnete, befand sich bereits an irgendeinem Ziel. Von einem Ziel war nie die Rede.

Und keiner mochte diese Erfahrung missen. Dr. Eibl sagte mir kürzlich erst scherzhaft: »Wäre die Zeit danach nicht so schmerzlich gewesen, würde ich meine Nahtoderfahrung noch einmal erleben wollen!«

Unsere Nahtoderfahrungen können darüber hinaus auch

ein Trost für andere sein, die sie nicht selbst erlebt haben:

> »Ich bin froh, in der Gruppe zu sein! So konnte ich mit dem Tod meiner Mutter gut umgehen. Natürlich bin ich traurig, aber ich weiß jetzt, dass es ihr gut geht!« (Dagmar)

Die Einstellung zum Tod und damit auch zum Leben verändert sich. Die Eindrücke aus dem Jenseits hinterlassen tiefe Spuren. Ich weiß, dass die Welt, die wir wahrnehmen und von der wir meinen, sie sei unser Leben, nur ein kleiner Teil dessen ist, was wirklich existiert.

Auf meiner Reise begegnete ich auch der liebevollen Gastfreundschaft einiger Schwestern des Klosters St. Hildegard und traf mich auf dem Weg mit vielen Brüdern des Benediktinerordens. Auch die Bibel lernte ich wieder lesen, wenn auch mit anderen Augen, nachdem ich mich als Heranwachsender von der Kirche abgewandt hatte.

Wie gesagt waren mir nicht alle Menschen unterwegs freundlich gesinnt. So traf ich auch Priester, die Nahtoderfahrungen als psychische Störung interpretierten, und andere, die mich eher als Konkurrenten zu ihrem Glauben sahen. Vielleicht lag das auch an meinem Unvermögen, mich hinreichend verständlich zu machen. Ich weiß es nicht. Andererseits stehen viele Kirchenvertreter diesem Thema offen gegenüber. Auf meinem Weg traf ich einen lieben katholischen Pfarrer, mit dem ich noch heute in Verbindung stehe.

Auch wenn wir das zeit- und raumlose Jenseits betreten konnten, haben wir hier auf Erden noch eine Menge zu erledigen. Der Alltag ist und bleibt eine Herausforderung. Noch mehr, wenn ich bedenke, dass die Welt eigentlich ganz anders aussieht, als das Ideal es vorgibt. Die alten Herausforderungen wurden durch die neuen abgelöst.

Ich ertappe mich immer noch dabei, in alte Muster zu verfallen, wenn ich nicht aufmerksam bin. Die Achtsamkeit fällt mir manchmal leichter, ein andermal wieder nicht. Glücklicherweise überwiegt meist das Erstere.

Wohin die Reise noch gehen wird, kann ich Ihnen nicht sagen. Ich bin mir aber sicher, dass alles irgendwie einen Sinn ergibt, wenn man seine Lebensaufgabe einmal vor Augen hat. Insofern ist jede Begegnung, jedes Problem und jede Situation auf dem vor mir liegenden Weg eine Einladung, mich weiter zu entfalten. Dabei bin ich fest davon überzeugt, dass für mich »bestens gesorgt« ist. Mein Leben orientiert sich heute nach dem, was ich aus der jenseitigen Welt erfahren habe und noch erfahre. Doch auch diese Verbindung weist Lücken auf, denn ich bin auch nur ein Mensch.

Wohin wollen wir?

Eine Nahtoderfahrung stellt immer wieder die Frage nach der eigenen Identität. Für gewöhnlich meinen wir mit Identität das Bild, das wir von uns selbst haben, aber auch das, wie unsere Mitmenschen uns sehen. Beide Blickwinkel bedingen sich gegenseitig. Da gibt es prägnante Merkmale, die uns einzigartig machen und die uns aus der Masse heraus von anderen unterscheiden. Dabei spielen unsere Gedanken und Gefühle eine große Rolle, schließlich sind sie die Urheber unserer Handlungen. Aus ihnen erwächst dann unser Sinn für das, was wir tun. Im Allgemeinen wollen wir nicht aus der Rolle fallen. Deshalb kann sich das Selbstbild davon unterscheiden, wie unser soziales Umfeld uns vielleicht gern sähe. Um ihm gerecht zu werden, passen wir uns vielfach an. Übertreiben wir damit manchmal und entspricht unser Verhalten dann noch wirklich unserem innersten Kern?

Dieser Zwiespalt erfordert einen ungeheuren Kraftakt: Auf der einen Seite kommen wir mit dem, wie wir uns selbst sehen, gut zu Rande, auf der anderen Seite möchten wir aber auch den Erwartungen anderer entsprechen. Das drückt sich schon in ganz banalen Angelegenheiten aus: So wollen wir einen guten Eindruck hinterlassen, wenn wir Besuch bekommen, und bringen unsere Wohnung auf Hochglanz, obwohl sie uns selbst eigentlich sauber genug erscheint. Oder wir legen in der Öffentlichkeit ein anderes Verhalten an den Tag als in unserer privaten Umgebung.

Als wenn das nicht schon genug wäre, kommt jetzt noch eine dritte Identität ins Spiel. Erweitert sich unser Bewusstsein und machen wir Erfahrungen in einer anderen Welt, verändert sich auch die Vorstellung von uns selbst und unserer Umwelt. Wir werden mit einer neuen Dimension konfrontiert, die das bisherige Leben gehörig durcheinanderbringen kann. Drei Identitäten prallen von nun an aufeinander, von denen die jenseitige den meisten Einfluss hat, denn sie ist authentisch und echt und tritt mit unserem seelischen Anteil intuitiv in Kontakt. Dennoch kann dies alles zusammengenommen in eine Identitätskrise führen.

Susan ist eine Frau Mitte dreißig. Sie arbeitet als Designerin in einem Modeatelier. Ihre Sensitivität brachte sie in gehörige Schwierigkeiten. Für sie war die Auseinandersetzung mit dem Jenseits allerdings etwas Normales. Sie machte sich offensichtlich nichts daraus, plötzlich mit Verstorbenen in Kontakt zu treten. Allein die unterschiedlichen Energien lebender Menschen irritierten sie manchmal und zwangen sie dann auch, Abstand von anderen zu nehmen. Die Mutter dreier Kinder berichtet:

»Vor etwa fünf Jahren war ich in Skandinavien im Urlaub. Mein Freund und ich hatten uns ein Ferienhaus ganz aus Holz gemietet. An besagtem Tag war eigentlich blendendes Wetter. Gegen Abend ging ich dann duschen, immerhin waren wir den ganzen Tag in den Wäldern unterwegs gewesen.

Jede Einheit in diesem Ferienhaus war sehr klein. Das erzähle ich deshalb, weil ich in der Dusche nicht umfallen konnte, als mich der Blitz dort traf. Ich konnte nur in mich hineinsacken. An diesem Spätnachmittag hatte ich mir nämlich vorgenommen, mir es mal so richtig gut gehen zu lassen. Die Kinder waren nicht da, und ich hatte endlich einmal Zeit für mich. Ich bekam gar nicht mit, dass ein Gewitter aufzog. Als es dann geschah, war ich von oben bis unten eingeseift. Einen dümmeren Moment hätte es gar nicht geben können. Der Blitz ging durch das komplette Versorgungssystem des Hauses. Er war so mächtig, dass alle Schutzmaßnahmen außer Gefecht gesetzt wurden.

Der Strom floss durch alle Leitungen und leider auch die Dusche. Durch den Brausekopf kam ein langer Feuerschweif. Ich kann mich noch gut daran erinnern. Der Schweif war blau, dunkelblau und orange. Dann verließ mich das Zeitgefühl. Es kann ja nur ein kurzer Moment gewesen sein, trotzdem hatte ich plötzlich sehr viel Zeit. Ein Teil von mir wusste, dass ich in Lebensgefahr schwebte und ziemlich nah am Tod war.

›Bitte nicht zum Herzen!‹, dachte ich noch.

Dann ging der Blitz durch meinen Körper. Es war sehr, sehr schmerzhaft. Ich dachte, ich kann das nicht aushalten. Bis der Schmerz plötzlich vorbei war und es sich wirklich angenehm anfühlte. Alles war mit einem Mal kühl. Ich spürte eine Riesenenergie. Alle Blockaden, die ich bis dahin hatte, waren wie pulverisiert, wie freigeschossen. Selbst das hatte eine nachhaltige Wirkung. Als Teenager schon hatte ich eine Rückgratverkrümmung. Deshalb ist auf der einen Seite meines Rückens die Muskulatur gestärkt und auf der anderen Seite geschwächt. Durch den Blitzschlag schwächte sich nun auch die starke Seite, wodurch ein Ausgleich zustande kam. Seitdem kann ich mich wieder gerade aufrichten.

Alle Körperempfindungen verschwanden dann. Es war sehr merkwürdig. Ich stand praktisch in mir aufrecht, während mein anderer Körper in sich zusammengefallen war und verkrümmt in der engen Dusche lag. Ich hatte überhaupt keine Schmerzen mehr, und später war auch die besagte Energie verschwunden. Ich war total gelassen und völlig ruhig.

Jemand klopfte an die Tür und schrie. Alles hörte ich wie in Watte gepackt. Interessant war, dass ich alles nicht persönlich nahm … Im Sog dachte ich, wie einfach es nun wäre zu gehen. Das macht mir heute noch ein schlechtes Gewissen. Einfach alles loslassen. Einfach aus dem Stress mit der Familie gehen, der Arbeit, aus all den Anforderungen, die alle an mich stellen. Unaufgeregt einfach loslassen. Ich hatte das Gefühl, ich müsste nur ja sagen, dem nachgeben, und ich würde hinwegschweben. Darauf dachte ich an die Kinder, nicht nur an meine, an alle Kinder. Was ist mit ihnen passiert? Diese Gedanken rissen ab, und ich war wieder drin in meinem Körper. Dann ging es mir nicht mehr gut. Ich spürte jeden Knochen.«

Wie viele Nahtoderfahrene befand sich auch Susan bei unserem ersten Treffen in einer Identitätskrise. Ihre Geschichte enthält all die Probleme, die mit einer solchen Erfahrung möglich sind. Eines Tages fing sie an, von ihren Erlebnissen im Jenseits zu erzählen. Sie sprach von Stimmen, die sie hörte, und von sprechenden Bäumen. Zu dem Zeitpunkt war sie ledig und alleinerziehend, und weil sie sich beruflich in einer gehobenen Position befand, machte sich die Familie Sorgen um ihre Karriere. Sie schlugen vor, sie solle sich doch psychiatrisch untersuchen lassen: »Immerhin kennt man ja solche Fälle. Stimmen hören ist auch typisch für schizophrene Erkrankungen, mit denen nicht zu spaßen ist.«

Schneller, als ihr lieb sein konnte, befand sich Susan in der Psychiatrie. Sie wollte niemanden vor den Kopf stoßen und ließ sich deshalb darauf ein. Die Eltern, beide Akademiker, der Vater Physiker, die Mutter Ärztin, hatten ihr die Untersuchung nahegelegt. Eines Tages tauchten ihre Eltern in der Firma auf und fingen vor ihren Mitarbeiterinnen zu diskutieren an, ob es nicht ratsam wäre, sich einmal untersuchen zu lassen. Susan erzählt:

> »Vielleicht war die Erfahrung in der Psychiatrie sogar notwendig, um überhaupt über alles nachzudenken. Aber sie war auch ein Angriff auf meine Person und sehr grenzwertig. Wenn meine Schwester und meine Eltern mir rieten, vielleicht doch einmal zum Arzt zu gehen, dachte ich mir, vielleicht sollte ich doch weniger erzählen, weil es nicht richtig bei ihnen ankommt.
>
> Ich hatte allen sehr vertraut. Immerhin sind sie meine Familie. Sie hätten auch sagen können: ›Hey, Susan, ganz schön verrückt, was du da erzählst‹, und es dabei belassen

können. Das haben sie aber nicht gemacht. Ich bin in diese Geschichte so richtig hineingefallen. Alles fand vor meinen Kolleginnen statt, und ich habe es mir gefallen lassen. Ganz schön demütigend. Ich weiß bis heute nicht, ob ich ihnen das jemals verzeihen kann.

Schließlich musste ich ja wiederkommen. Im Atelier muss ich täglich meinen ›Mann‹ stehen. Das kostet mich unbändig viel Kraft, weil ich einfach nicht so sein kann, wie ich bin.«

Als Susan und ich uns begegneten, war sie voller Widersprüche. Sie war von ihren Fähigkeiten überzeugt, machte aber trotzdem einen beschämten Eindruck. Ihre Unsicherheit war nicht wegzudiskutieren. Alles in allem ist es ja auch eine ungewöhnliche Geschichte, die, wie wir später noch hören werden, selbst über den Rahmen von Nahtoderfahrungen hinausgeht.

Die Frage nach dem eigentlichen Ich

In unserer Gruppe von Nahtoderfahrenen ist Identität das zentrale Thema. Selbst Jahre später kann die Suche nach Orientierung noch andauern und die Frage nach dem eigentlichen Ich noch nicht beantwortet sein.

Auch für mich bedeutet es jeden Tag eine Herausforderung, mein »neues« Leben meinen Erfahrungen gemäß zu leben, was mir auch nicht immer gelingt. Wer möchte schon gern als Sonderling dastehen? Dabei ist es eine intensive Aufgabe, unser Leben entsprechend zu gestalten.

Für die meisten Nahtoderfahrenen sind Liebe, Frieden sowie ihre Lebensaufgabe und vor allen Dingen die Lichterfahrung, sofern sie sie erfahren haben, Mittelpunktthemen ihres Lebens geworden. Der Alltag nach einer Nahtoderfahrung verlangt nach einer systematischen und bodenständigen Integration mit einem konstanten Rahmen, an dem wir uns orientieren können. Dazu gehört auch die Akzeptanz einer neuen Identität und die Fähigkeit, sich von den Erwartungen anderer abzugrenzen.

Caroline zum Beispiel war sich ihrer selbst sehr bewusst und strotzte nur so vor Persönlichkeit, und dies Jahre nachdem sie sich ihrer Jenseitserfahrung bewusst wurde. Irgendwie lebte sie zwei Wesensarten: Für Außenstehende war sie eine selbstbewusste und starke Frau in der Blüte ihres Lebens, innerlich jedoch zunehmend verwirrt darüber, dass es ihr nicht gelang, ihre erlebte Identität aus ihrer Nahtoderfahrung ins Alltagsleben zu integrieren.

Auch wenn sie, wie ich erst sehr viel später erfuhr, Ungewöhnliches erlebt hatte, verhielt sie sich selbst bei der Beerdigung ihres Bruders aus Sicht der Anwesenden höchst seltsam. Sie war die Einzige am Grab, die nicht in Tränen ausbrach, obwohl sie zu ihrem Bruder ein inniges Verhältnis hatte. Sie sah ihre verstorbene Mutter, mit der sie bis zu ihrem Tod ein angespanntes Verhältnis hatte, fast täglich an ihrem Bett sitzen. Selbst nach ihrem Tod flößte die Mutter ihr noch Angst ein, indem sie ihr fast jede Nacht erschien.

Caroline ist ein einfühlsamer und empathischer Mensch und fängt nun mehr als zehn Jahre nach ihrem Erlebnis an, sich langsam zu erkennen. Die Abspaltung von der Familie, eine gescheiterte Beziehung und Unzufriedenheit in ihrem Beruf als leitende Angestellte führten in eine Krise, in der die Nahtoderfahrung wieder eine große Rolle spielt und erneut Mittelpunkt ihres Lebens wird:

»In meinem Beruf wurde ich von allen akzeptiert, und mein Job machte mir auch ein Zeit lang großen Spaß. Ich konnte mir gar nichts anderes vorstellen. Seit sich meine Familie von mir abwandte und mein Lebensgefährte mit mir brach, stehe ich vor den Trümmern meines Lebens. Meine Nahtoderfahrung hilft mir dabei, meine eigentliche Orientierung nicht zu verlieren, obwohl ich im Alltag vor dem Aus stehe.

Nun habe ich nur noch mich selbst. Ich kann mich nicht mehr über meinen Job definieren, weil ich ihn wegen meiner Beziehung kündigen musste. Mein Freund wohnt in einer anderen Stadt, doch als wir zusammenzogen, machten wir bald Schluss.

Seit den Ereignissen nach meinem Unfall ist mir auch meine Familie nicht mehr wohlgesinnt. Sie hält mich seitdem für wenig mitfühlend, weil ich am Grab meines Bruders nicht weinen musste. Als dann noch meine Mutter bei einem Unfall starb, war es ganz aus. Nun habe ich nur noch mich, so, wie ich wirklich zu sein scheine. Ich muss mich mit dem, was ich habe, neu erfinden.«

Caroline ist 28 Jahre alt. In einer fremden Stadt, in der sie niemanden kennt, steht sie nun vor der Herausforderung ihres Lebens. Sie sieht ihren Neuanfang als Chance. Am liebsten würde sie Kinderbücher schreiben und ihre Arbeitszeit künftig selbst bestimmen. Warum auch nicht? Diese Gedanken kamen ihr spontan und »unverkrampft«. Trotz aller Widrigkeiten ist sie eine lebenslustige Frau voller Mut und Hoffnung, ihre Ziele auch verwirklichen zu können. Schauen wir uns an, was dem genau vorausgegangen war.

Caroline lernte ich bei den Recherchen zu diesem Buch kennen. Sie teilte mein Schicksal. Auch ihr war nicht klar, dass sie eine Nahtoderfahrung hatte. Sie war zum Zeitpunkt ihres Unfalls achtzehn Jahre jung. Unterwegs mit Freunden, wurde sie von einem PKW überrollt. Die ausgelassene Truppe war zu einem Fest unterwegs, als ein Wagen ins Schleudern kam und in ihre Gruppe raste. Ihr Schädel war zertrümmert, die Wirbelsäule mehrfach gebrochen, ihre Rippen bohrten sich in ihre Lunge, ihr Gesicht war nicht mehr wiederzuerkennen. Sie hatte gerade ihr Abitur bestanden und sich an der Universität eingeschrieben. Bevor der Ernst des Lebens beginnen würde, hatte sie noch einmal ausgelassen mit ihren Freunden feiern wollen:

»Es war schon fast dunkel, und ich erinnere mich nur noch an die Lichter des Wagens, die rasend schnell auf mich zukamen. Wie in Zeitlupe wurden sie größer und größer. Ab da habe ich keine Erinnerung mehr an diesen Unfall.

Dann bemerkte ich, dass mir heißes Blut aus den Ohren rann, aus der Nase und aus dem Mund. Mein Kopf tat mir irrsinnig weh. Wie wenn neben mir der Blitz eingeschlagen und es einen riesigen Knall gegeben hätte. Genauso habe ich mich gefühlt. Ich habe gar nicht realisiert, wo ich bin. Ich wusste auch nicht, dass ich einen Unfall hatte. Gar nichts. An den einen Moment kann ich mich noch erinnern, nachher wieder an gar nichts mehr. Daraufhin hatte ich meinen ersten Herzstillstand.

Im nächsten Moment, an den ich mich abermals bewusst erinnerte, lag ich schon im Krankenhaus. Ich fühlte mich gar nicht geschockt. Das war, kurz nachdem ich in der Röhre gewesen war. Anschließend legten sie mir einen Katheter. In diesem Moment bin ich kurz zu mir gekommen. Ich dachte noch, wie weh das tat. Dann fiel ich ins Koma.

Als ich wieder wach war, sah ich meine Familie: meine Mutter, die damals noch lebte, meinen Bruder und meinen Vater. Meine Mutter weinte bitterlich. Es herrschte Grabesstimmung. Ich konnte mich nicht rühren, war nicht in der Lage, irgendein Zeichen zu geben.

Meine Gedanken funktionierten aber, und ich dachte: ›Sieh an, ich kann denken. Schau, da liege ich. Was haben die nur alle? Statt sich zu freuen, dass ich wenigstens ein Auge öffnen kann und lebe, machen sie sich alle verrückt.‹

Daran kann ich mich noch ganz gut erinnern, auch an die Beatmungsmaschine und an das Gepiepse neben mir. Meine Lunge war zusammengefallen, weil die gebrochenen Rippen hineingestochen hatten. Die Beatmungsmaschine hatte für mich geatmet, und mir fiel auf, dass das nicht mein Rhythmus ist.«

Lange Zeit verbrachte Caroline im Rollstuhl und wurde wegen dieses Unfalls in ihrem Dorf schon fast so etwas wie eine Attraktion. Niemand rechnete damit, dass sie das überleben würde. Weil ihr die Aufmerksamkeit zu viel wurde, zog sie weg aus ihrem Dorf in die anonymere Stadt. Als sie einige Jahre später durch ihre Straßen ging, kam ihr ein Mann entgegen, der sich ihr kreidebleich in den Weg stellte. Caroline erschrak und fragte, was denn los sei. Er sagte: »Ich dachte, Sie seien gestorben. Ich war dabei. Ich war Rettungssanitäter. Ich kann es gar nicht glauben.«

Caroline fing mitten auf der Straße an zu erzählen, als wenn sie sich rechtfertigen wollte: »Ich lag auf einer karierten Decke. Überall waren Lichter. Sie standen direkt vor mir an meinen Füßen. Mir kam das noch komisch vor, weil ich nur einen Schuh anhatte. Um mich herum waren viele Menschen. Sie hielten meine Beine in Hüfthöhe. Irgendwas war mit diesen Schuhen.«

Der Sanitäter konnte es fast nicht glauben, dass sich Caroline an diese Einzelheiten erinnerte: »Das gibt es doch nicht. Wir alle waren der Meinung, Sie seien tot. Wir verließen dann die Unfallstelle. Eine Erinnerung kann eigentlich gar nicht sein. Sie waren gar nicht da. Sie hatten einen Herzstillstand, und alle Zeichen deuteten auf Ihren Tod hin.«

Viele Fragmente ihres Erlebnisses waren jedoch noch in ihrem Gedächtnis gespeichert: »Nein! Ich weiß das ganz genau. Die Decke war rot-blau kariert. Ich lag mit dem Kopf zum Auto hin, ein anderer Sanitäter stand hinter mir, einer kniete neben mir, und Sie standen vor meinen Füßen und hielten sie hoch.«

Nach diesem Gespräch fing alles an. Sie erinnerte sich wieder, was genau während ihres Nahtoderlebnisses geschah:

> »Auf einmal kamen die Erinnerungen. Ich kann mich weniger der Bilder entsinnen, als vielmehr der Gefühle. Dann kam das Gefühl, mich von oben zu sehen, wie sie mich unter dem Auto hervorzogen und als ich dann auf dieser Decke lag. Diese gefühlten Bilder könnte ich zeichnen, so klar sind sie mir noch vor Augen.
>
> Als ich dann nichts mehr empfand, nur noch zusah, begann für mich ein irrsinniger Moment. Es ist irre, nichts zu fühlen. Richtig schön. Diese Freiheit von den Emotionen. Das war für mich das Schönste. Du siehst dir zu und bist frei. Ich bin von niemandem abgeholt worden, und ich bin

auch durch keinen Tunnel gegangen. Das Licht sah ich nur ganz kurz, dann war ich wieder da.

Das alles wurde mir erst bewusst, als ich diesen Sanitäter auf der Straße traf. Für mich war alles so normal, dass ich gar nicht auf die Idee kam, an eine außerkörperliche Erfahrung zu denken, geschweige denn an eine Lichterfahrung. Vielleicht habe ich es auch irgendwo im Hinterkopf gewusst, aber alles war so normal. Das alles war für mich nichts Besonderes gewesen. Erst als ich darauf aufmerksam gemacht wurde, habe ich gestutzt und gedacht: ›Du bist aus deinem Körper heraus gewesen.‹«

Besonders bemerkenswert fand ich die Selbstverständlichkeit, mit der sie sich zum Zeitpunkt nach ihrem Erlebnis sah. Eigentlich müssten wir davon ausgehen, dass eine außerkörperliche Erfahrung zunächst einen Schrecken auslöst und nachdenklich macht. Doch ihr Blickwinkel ließ das nicht zu. Caroline dachte im Bewusstsein des Jenseits und transportierte diese Gedanken ungefiltert und unreflektiert ins Diesseits. Dabei handelt es sich nicht um eine Integration dieses Prozesses, was ja auch die Schwierigkeiten im Umgang mit den Mitmenschen signalisieren. Erst Jahre später fing sie an, ihren Unfall und das damit verbundene Nahtoderlebnis zu verarbeiten, indem sie sich intensiv damit auseinandersetzte und zu ergründen suchte, was ihr eigentliches Ich ausmachte.

Die Fremdbestimmung erkennen und seinen eigenen Weg finden

Auch im Tod bleibt unsere eigentliche Identität vorhanden. Alle anderen Bezüge, über die wir uns definiert hatten, sei es unsere Arbeit, sportliche Erfolge, Geld oder soziale Stellung, werden dann nicht mehr benötigt. Wir fürchten also im Allgemeinen weniger den Tod als den Verlust unserer illusionären beziehungsweise fremdbestimmten Identität. Wenn wir lernen, authentisch zu leben, werden wir aus einer friedlichen Perspektive die Herausforderungen des Lebens meistern. Das gehört wie gesagt zum Wichtigsten, was wir aus Nahtoderfahrungen lernen können.

Viele Menschen sind mit sich unzufrieden, glauben aber, in einer bestimmten Weise leben zu müssen, weil es keine Alternative dazu gäbe. Dabei entscheidet jeder für sich, wie er leben möchte, und das jeden Tag. Unser aller Ziel ist seelische Gesundheit, dazu müssen wir den Kontakt zu unserer eigentlichen Identität herstellen und aufrechterhalten. Es geht darum, uns bewusst zu werden, wer wir denn wirklich sind.

Für mein Leben nach meiner Erfahrung kann ich sagen, dass es schwerer war als zuvor. Weil sich mein Bewusstsein öffnete, ohne dass ich dies zunächst erkannte, wurde ich im Leben mit ganz anderen Gegebenheiten konfrontiert, als sie mir bis dahin vertraut waren. Ich erkannte die schadhafte Dynamik von Menschen, die sich ihren fremden Überzeugungen einfach so hingaben, weil es eben immer schon so war und bleiben sollte.

Die fremden Überzeugungen entwickeln sich im Laufe des Lebens und werden im Zuge der Zeit als eigene Werte etabliert. Denken wir darüber nach, so können wir unsere eigenen Werte entdecken wie auch Ideale, die nicht zu uns gehören. Die Fügung kümmert sich nur darum, in welchem sozialen Ambiente eine Lebensaufgabe erfüllt werden kann. Die Entscheidungen, wie wir diese Aufgaben angehen, treffen wir selbst.

Auch Susan ist in eine bestimmte Familie hineingeboren worden, um ihrer Lebensaufgabe gerecht zu werden. Situationen und Begegnungen können natürlich psychische Probleme verursachen, sind aber auf der geistigen Ebene genau die Herausforderungen, die es zu meistern gilt:

»Ich denke, ich hatte mein Leben lang eine gute Intuition. Wenn etwas gefährlich werden konnte, wurde ich von irgendwem gewarnt. Als es mit den merkwürdigen Wahrnehmungen dann losging, fühlte ich mich gar nicht seltsam. Ich kann mich nicht daran erinnern, vorher schon einmal solche Dinge gespürt zu haben. Außer in diesen besagten, möglichen gefährlichen Situationen schien ich eiserne Nerven zu haben. Was anderes, glaube ich jedenfalls, unterschied mich nicht von den übrigen Menschen. Erst als ich diese Energien spürte, bekam ich auch wirklich Probleme, wenigstens hier und da. Einkaufen wurde für mich schon fast zur Qual. Wenn mehrere Menschen mit ihren Energien an der Kasse standen, wurde mir richtig übel. Ich wusste davon zunächst natürlich nichts und dachte mir auch nichts weiter dabei. Dann ging mir irgendwann auf, dass die Menschen sich alle anders ›anfühlten‹.«

Susan wusste nicht, dass ihre Art, Außersinnliches wahrzunehmen, ein Teil ihrer selbst ist. Es fehlte ihr einfach an Einblick in ihre kosmische Identität, die sie für sich erst nach und nach entdeckte. Damit entwickelte sich aber auch ein Gegensatz zwischen ihrem sozialen Umfeld und ihr selbst. Sie bemerkte schließlich ihr Anderssein und begann, darüber zu sprechen, ohne vorher zu überlegen, wem sie sich wirklich anvertrauen konnte. Erst das führte zur Kontroverse mit ihrer Familie, brachte sie aber auch auf den Weg zu sich selbst.

Susan steht nun vor der Aufgabe, ihre Identität weiter zu erforschen. Zu akzeptieren, was sie sieht und hört, auch wenn sich das offensichtlich von den Möglichkeiten anderer unterscheidet.

Richtig und Falsch

Aus der Perspektive von Jenseitserfahrungen gibt es wie gesagt kein Richtig und kein Falsch, weil alles irgendwo einen Sinn ergibt. Es verhält sich ähnlich wie beim Thema »Gerechtigkeit«. Das geistige System ist für alle Menschen da und stellt neben der biologischen und psychologischen Sichtweise die Hintergründe in den Fokus der Aufmerksamkeit. Jede Situation und jede Begegnung im Leben können wir aus diesen drei Blickwinkeln betrachten, und jedes Mal werden wir zu einem anderen Ergebnis kommen.

Aus psychologischer Sicht ist die Einweisung in die Psychiatrie für Susan eine Demütigung. Sie fühlte sich missverstanden. Dennoch zweifelte sie an ihrem Geisteszustand und gab den elterlichen Überzeugungen kritiklos nach. Erst als sie ihr Dilemma erkannte und auch die Ärzte den Wahrheitsgehalt ihrer Wahrnehmung in Zweifel stellten, begann sie, ihre Situation zu realisieren:

> »Die Ärzte in der Psychiatrie wussten überhaupt nichts mit mir anzufangen. Als ich die Ärztin das erste Mal traf, erzählte ich ihr, wie sich die Energien anfühlen. Ich sagte ihr, dass ich mich wie eine Antenne fühle. Ich finde das heute immer noch eine gute Analogie. Sie aber hat einen Vergleich nicht zugelassen. Ich habe nicht behauptet, dass ich eine Antenne bin. Aber ich sagte, ich fühle mich wie eine Antenne, die angefunkt wird. Von irgendwoher. Die etwas aufnimmt, ohne zu wissen, was es bedeutet. Daraufhin wurde das Gesicht der Ärztin sehr ernst.
>
> Mit der Psychiatrie hatte ich, bei allem Übel, schon die Hoffnung, jemanden zu finden, der das versteht und mich beraten kann, der mir helfen und mich trösten kann. Bis

dahin hatte ich noch nichts von Toten und Bäumen erzählt. Gott sei Dank bin ich so weit nicht gekommen. Allein die Tatsache, dass du irgendetwas anderes wahrnimmst als das, was vermeintlich real ist, ist schon anrüchig. Die machen da gar nicht weiter, zücken ihre Tabletten. Dabei ist die Hoffnung auf Hilfe in diesem Moment in mir gestorben: Ich bekomme hier keine Hilfe, ich bin auf mich allein gestellt.

Der nächste Arzt war wirklich nett und aufgeschlossen. Aber auch wenn er von ›mehr zwischen Himmel und Erde‹ sprach, empfand ich dies als ein Lippenbekenntnis. Er hat so etwas nicht erfahren. Eigentlich wünsche ich solchen Leuten eine Stunde irgendeine seltsame Erfahrung, die sie bereichert und dafür sorgt, dass ihren Patienten besser geholfen werden kann. Ich gehe nämlich davon aus, dass in der Psychiatrie einige andere sitzen, die Ähnliches wie ich erlebt haben und denen niemand sagt, was eigentlich los ist.

Ich weiß, dass in einem religiösen Rahmen solche Erfahrungen hin und wieder gemacht werden. Wenn diese Erfahrungen eingebettet sind und jemand da ist, der sich damit auskennt, dann wundert sich auch niemand darüber. Dagegen sind Patienten erst einmal völlig führungslos. Ich habe ja selbst gedacht, ich werde verrückt oder bin es sogar schon.«

Auch wenn Susan auf diese Erfahrung sicher gern verzichtet hätte, führte sie sie letztlich dann doch zu ihrem Weg, mit ihrer Gabe authentisch zu leben, und hatte somit etwas Gutes beziehungsweise Richtiges. Zuvor glaubte sie selbst nicht an sich und schloss sich gar der Meinung anderer an, sie sei womöglich verrückt.

Wenn wir anfangen, uns selbst zu vertrauen, schälen sich die fremden Überzeugungen ab wie bei einer Zwiebel, und am Ende bleibt das Innerste übrig, die eigentliche Identität. Dies ist häufig ein schmerzhaft erlebter Prozess, der, wie wir bereits lesen konnten, nicht immer so intensiv wie bei Susan vonstattengeht. Bei jeder Häutung muss sich das gesamte System neu formieren und wird ob der neuen Persönlichkeit insgeheim Fragen stellen, ob das alles noch wirklich richtig ist. Aus der geistigen Sicht stellt sich diese Frage allerdings nicht. Dort geht es ja nicht um richtiges oder falsches Verhalten, sondern nur um die Entfaltung hin zu einem fürsorglichen Umgang mit sich selbst und anderen, kurz darum, sich selbst treu zu sein und seinen Fähigkeiten zu vertrauen. Einfacher ist es, wenn dies innerhalb einer verständnisvollen Gemeinschaft stattfindet. Wenn Menschen in der Nähe sind, die Ähnliches erleben und die wenigstens schon ein Stück des Weges gegangen sind.

Ein Neuanfang

Was ich gelegentlich auch beobachte, ist die Veränderung beziehungsweise Erneuerung der Persönlichkeit von Nahtoderfahrenen, ohne dass die Betreffenden dies wahrnehmen. Das mag vielleicht an der Verschiebung der Verständigungsebenen liegen. Nach einer Jenseitsreise werden deutlich mehr Gefühle gelebt als vorher. Dabei scheint es auch nicht nötig zu sein, jedes Gefühl zu analysieren. Arthur lebt heute deutlich entspannter und bindet das Jenseits wie selbstverständlich in sein Leben ein, als ob es niemals anders gewesen wäre. Auf die Frage hin, wie er sich verändert habe und ob er heute anders lebe, antwortete er mit einem deutlichen »Nein!«. Im Laufe der Gespräche aber erkannte er dennoch die Unterschiede und gestand sich am Ende ein, heute anders zu leben oder zumindest mit dem Leben anders umzugehen.

Das Leben vor meiner Nahtoderfahrung hatte eine widernatürliche Qualität. Es war zu schnell, unbewusst und ohne einen Funken geistigen Vorstellungsvermögens. Verglichen damit erschien mir das Leben danach wie eine Wiedergeburt als neuer Mensch. Lange Zeit hatte für mich das eine Leben mit dem anderen gar nichts zu tun. Die eigentliche Herausforderung bestand nun in der Versöhnung beider Existenzen. Sie mussten so miteinander verbunden werden, dass sie harmonisch von einem roten Faden durchzogen werden und in sich verschmelzen. Erst dann konnte ich meine schlüssige Lebenslinie und die wirklich wichtige Zeit davor entdecken.

Ich spreche hier nicht ausschließlich von meiner psychologischen Entwicklung. Mir geht es mehr um die Verwirklichung meiner selbst. Nicht meiner Entwicklung im Sinne eines Fortschritts, sondern meiner Entfaltung: Ich wollte mich im Rahmen meiner Entwicklung nicht neu erfinden, sondern den Teil von mir zum Leben erwecken, der schon immer in mir vorhanden war. Dabei ist die Psychologie nur eine Perspektive, die geistigen Erfahrungen sind meine Orientierung. Durch die Psychologie lässt sich vieles erklären. Zum Beispiel, weshalb ich mich so gegen eine Veränderung gewehrt hatte. Meine Abwehrmechanismen waren stark ausgeprägt, und meine Existenzangst führte zu erbittertem Widerstand gegenüber allem Neuen. Ich wollte einfach nicht anders werden. Auch wenn mir mein Leben nicht sonderlich gefiel, so war es mir doch vertraut. Dies war für mich angenehmer als ein Neuanfang mit unsicherem Verlauf.

Diese zunächst unbewussten Prozesse wurden während meiner Selbsterfahrung im Rahmen meiner damaligen Ausbildung zum Psychotherapeuten aufgedeckt.

Nachdem ich die Therapie hinter mich gebracht hatte, war ich mit meiner Persönlichkeit noch nicht wirklich zufrieden. Sie konkurrierte noch mit einer inneren Stimme, die sich an ganz anderen Bezugsgrößen orientierte, als das in der psychologischen Praxis der Fall war. Dort waren es gesellschaftliche Parameter, die den Ausschlag für Erfolg im Leben gaben, während die innere Stimme sich eher an natürlichen Prozessen jenseits gesellschaftlicher Konventionen orientierte. Damit bestand in mir ein Konflikt, den ich erst dann wahrnahm, als mich das Leben mit aller Wucht darauf gestoßen hatte.

Die psychologische Idee war, Entwicklungsaufgaben so zu lösen, dass ich »erwachsene« Entscheidungen treffen konnte und mich nicht mehr an familiäre Erwartungen gebunden fühlte. Denn wenn ich dies nicht täte, würde ich die ungelösten Aufgaben mein Leben lang mit mir herumtragen und versuchen, sie mit meinem sozialen Umfeld entsprechend zu kompensieren, was natürlich etliche Schwierigkeiten mit sich bringt.

Die verschiedenen Lebensphasen, die entwicklungspsychologisch notwendig sind, wurden hinreichend beschrieben und stehen alle mit bestimmten Lebensaufgaben in Zusammenhang. So ist zum Beispiel die sogenannte Trotzphase im Leben eines Kindes sowohl für das Kind selbst als auch für die Eltern eine sehr intensive Zeit. Sie dient der beiderseitigen Entwicklung und ist meiner Meinung nach absolut notwendig. In den Auseinandersetzungen werden soziale Positionen gestärkt: Das Kind fordert »trotzdem« Liebe und Geborgenheit ein und sichert bei entsprechendem Umgang seine Stellung und Akzeptanz in der Familie, entwickelt weiter sein Selbstbewusstsein und wird auch durch die Erfahrung dieser häufig anstrengenden Phase seines Lebens ein eigenständiges Individuum.

Es galt also zunächst, mein Ich zu stärken und individuell zu reifen. Damals geschah das noch unabhängig von den natürlichen geistigen Prozessen, die dennoch beständig nach Entfaltung strebten.

Nach meiner Nahtoderfahrung wurde ich immer wieder auf meine geistigen Muster aufmerksam gemacht. Von irgendwoher bekam ich die Information einer tiefen Verbundenheit mit allem, was ist, dass wir unser Bild vom Leben aus einer Art Urenergie generieren und für unser Leben im Einklang mit der Natur selbst verantwortlich sind. So habe ich das in der Auseinandersetzung mit der Psychologie nie erlebt, weil es wohl auch nicht zu ihren Aufgaben gehörte, mir das zu vermitteln. Deshalb wurde mein Leben im Laufe der Integration meiner Nahtoderfahrung in den Alltag zu einer beständigen Kontroverse, weil ich genau das nicht erkannte: der Konflikt zwischen meinen psychischen Erwartungen und meiner inneren geistigen Stimme.

Um dieses Dilemma aufzulösen, musste ich mir mein Leben immer mehr ins Bewusstsein rufen. Mir wurde schnell klar, wie vernebelt ich lebte. Zunächst mit einer Art familiären und gesellschaftlichen Automatismus und später innerhalb eines psychologischen Konstrukts, das wieder ein geschlossenes System bedeutete, weil es starre Regeln und fixe Erwartungsmuster gab. Mein Konflikt konnte von der Psychologie auf Dauer nicht gelöst werden, und was von nun an geschah, hatte dort auch keinen Platz. Meine Intuition schrie nach Verwirklichung. Sie wollte gehört werden, diese Stimme, die ich bis dahin jahrzehntelang mehr oder weniger erfolgreich aus meinem Leben verdrängt hatte. Nun wusste ich zwar, wie ich vor meiner Erfahrung war, kannte in etwa mein Ego, hatte aber keine Ahnung, wer ich wirklich bin. Ich fühlte mich einfach noch nicht angekommen. Meine innere Stimme hielt mich ständig auf Trab. Zu diesem Zeitpunkt war ich verheiratet und führte selbst eine psychotherapeutische Praxis. Meine Frau Heide war Diplompsychologin und ging einen ähnlichen beruflichen Weg.

Mein Weg ist natürlich noch nicht zu Ende. Heute aber geht es mir wie gesagt weniger um meine Entwicklung als um meine Entfaltung. Ich habe gelernt, dass meine wahre Identität stets in mir schlummerte. Ich muss sie nicht entwickeln. Ich wurde in ein ganz bestimmtes Lebenssystem hineingeboren, um die Möglichkeit zu haben, mich seelisch weiter zu entfalten. Meine Familie ist für mich kein Zufall. Deshalb trägt an meinem Leben niemand so etwas wie »Schuld«, und alles, was ich bisher erlebt habe, war genau in dieser Weise wirklich wichtig, damit ich diesen Weg gehen konnte. Der große Unterschied von meiner psychologischen Entwicklung hin zu meiner seelischen Entfaltung ist meine neue Grundhaltung gegenüber dem Leben. Ich weiß jetzt mehr denn je: Alles ist mit allem verbunden. Alles, was geschieht, hat irgendwo einen Sinn. Jeder ist für den anderen da, auch wenn die Zusammenhänge nicht sofort erkennbar sind, und jeder ist für sich selbst verantwortlich. Ich orientiere mich heute weniger an den gesellschaftlichen Konventionen als vielmehr an meinen eigenen (Jenseits-)Erfahrungen.

Unser Körper ist das Vehikel, mit dem wir uns hier auf der Erde bewegen. Eine freundliche Leihgabe des göttlichen Systems. So geschaffen, um unserer Seele eine Entfaltung zu ermöglichen. Wir werden niemals sterben. Wenn unsere Zeit auf Erden zu Ende geht, verwandeln wir uns und gehen in einen anderen Seinszustand über. Das Licht ist das Leben. In ihm ist die Liebe der Welt und der Frieden auf Erden. Die Prioritäten haben sich für mich gewandelt. Ich lebe einen Neuanfang.

Ganz persönlich

Als die ersten Gedanken zu diesem abschließenden und für mich wichtigen Kapitel entstanden, überlegte ich mir genau, was ich Ihnen mitteilen werde und was ich besser für mich behalten sollte. Am Ende entschloss ich mich für eine uneingeschränkte Offenheit.

Ich habe ja schon angedeutet, dass mein Nahtoderlebnis, nachdem ich es als solches identifiziert hatte, auch für mich zunächst mehr als fragwürdig war – bis ich eines Tages Nachforschungen anstellte und mich meiner Wahrnehmung vergewisserte. Und auch die Nachwirkungen waren manchmal nicht weniger obskur, sodass sich mir manche Zusammenhänge bis heute nicht erschlossen haben. Ich hoffe sehr, dass ich in der Lage bin, Ihnen einen Eindruck von meinem Leben und meinen Erfahrungen zu vermitteln, was ich erlebt habe und wie sich aus meiner Sicht bisher alles so fügte, als ob es wie von Geisterhand geordnet sei. Das alles ist heute noch der Fall, und ich übe mich immer noch im Vertrauen in die jenseitige Welt, die auf mich einen so großen Einfluss ausübt. Denn erst im Nachhinein kann man die Sinnhaftigkeit allen Geschehens erkennen, wenn man seine Biografie einmal rückblickend daraufhin untersucht.

In der Zeit vor meinem Unfall hatte ich eine handwerkliche Ausbildung absolviert, bevor ich eine Laufbahn im Staatsdienst anstrebte. Als mein Unfall geschah, war ich dabei auf dem besten Weg. Danach stellte sich für mich alles als ein großer Irrtum heraus. Völlig verwirrt vergaß ich all meine Ambitionen, jobbte hier und da, ging einige Umwege, machte eine Ausbildung zum Blindenführhundetrainer und Sachverständigen, weil mir Hunde immer sehr am Herzen lagen, und fand schließlich den Weg in die Psychologie.

Vom Tag meines Unfalls bis zu dem Zeitpunkt, als ich auf meine außergewöhnlichen Erlebnisse aufmerksam wurde, vergingen knapp zehn Jahre. Wiederum fünf, bis ich einen wirklichen Sinn dahinter erkannte. Was hat eine Nahtoderfahrung für eine Bedeutung und was für einen praktischen Nutzen? Die Antwort auf diese Frage kam für mich im Jahre 2005. Zunächst starb nach langer schwerer Krankheit meine Mutter, wenig später der Vater meiner Frau Heide, dann mussten wir uns von unserem Hund verabschieden, und am Ende des Jahres veränderte sich mein Leben noch einmal auf eine sehr drastische Art und Weise:

»Ich konnte mich nicht mehr bewegen und fühlte mich hilflos und ausgeliefert. Zunächst schien es mir wie ein Blick in die Zukunft. Nachher befand ich mich in einer entfernten Vergangenheit. Du warst da, und wir beide waren jünger als heute. Ich saß in einem Stuhl mit kleinen Rädchen an den Beinen und war immer noch wie paralysiert. Du nahmst mich auf deine Schultern und trugst mich in eine Kirche. Dort legtest du mich nieder. Kurze Zeit später starb ich.« (Heide)

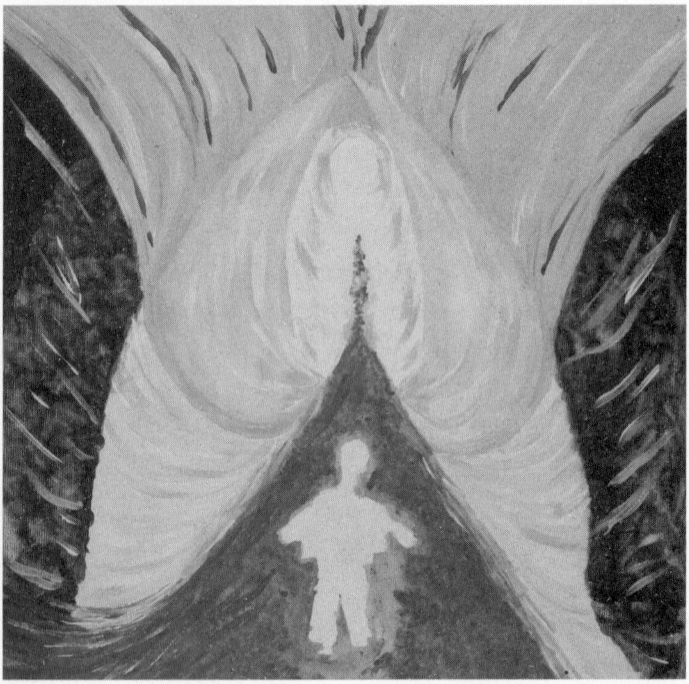

Während meine Gefährtin Heide das erzählte, waren wir beide sehr betroffen, fingen uns dann aber wieder, und ein paar Tage später dachten wir nicht mehr an ihre Vision.

Damals bewohnten wir ein großes Haus zur Miete, in dem unsere beiden Praxen und unsere Wohnung Platz fanden. Wir waren dabei, unser Leben zu sortieren, und beschlossen ein großes Reinemachen. Hunderte von Büchern fanden einen neuen Besitzer, und alles, was wir nicht unbedingt zum Leben benötigten, wurde gespendet oder entsorgt. Anscheinend ging es uns darum, nicht nur innerlich einen Neuanfang zu wagen, sondern auch unser Umfeld gründlich zu reinigen. Wir waren schon lange dabei, uns einen neuen Sinn im Leben zu suchen und unsere fachlichen Möglichkeiten in einen sozialen Dienst zu stellen. Diese Idee fing langsam an zu reifen und wurde mit der Zeit immer konkreter. Allen voran stand die Vorstellung im Raum, in einer der sozialtherapeutischen Gemeinschaften zu leben und uns weniger um Karriere und Materialismus zu kümmern. Vielleicht würde das unserem Leben ein neues Gewicht geben.

Dann wurde alles ganz anders. Es begann die Zeit, in der meine Nahtoderfahrung und mein theoretischer Hintergrund praktische Wirklichkeit wurden. Das Jenseits wurde für mich lebendig: Kurz vor meinem 38. Geburtstag, es war Freitag, der 30. Dezember 2005, fiel meine Frau Heide ins Koma.

In der Stadt hatte viel Trubel geherrscht. Noch zwei Tage, dann würde ein neues Jahr beginnen. Erschöpft und müde waren wir vom Einkaufen zurückgekommen und freuten uns, die lahmen Glieder auszuruhen. Heide nahm sich ein Buch aus dem Regal und setzte sich aufs Sofa, und ich machte es mir im Sessel bequem und schloss die Augen: Wieder geht ein Jahr zu Ende. Dann schlief ich ein.

Kurze Zeit später wurde ich durch einen dumpfen Knall geweckt. Schläfrig sah ich hinüber zu Heide. Heide war in sich zusammengesackt. Ihr Buch lag auf dem Boden. Ihre Augen verhießen nichts Gutes. Sofort dachte ich an eine Hypoglykämie, eine Unterzuckerung. Heide hatte seit vielen Jahren Diabetes, und so lag der Verdacht nahe, dass ihr Zuckerhaushalt durcheinandergeraten war.

Ich sprang auf, nahm ihre Tasche, suchte das Blutzuckermessgerät und stach ihr mit einer Nadel in den Finger, um ein wenig Blut für die Messung zu bekommen. Zu meiner Überraschung war alles in Ordnung. Der Blutzucker war mit 116 mg/dl im absoluten Normbereich. Auch der Blutdruck war normal. Dann der leise Verdacht eines Schlaganfalls. Ich rannte zum Telefon und rief den Notarzt. Das Krankenhaus lag direkt gegenüber, und so dauerte es nur wenige Minuten, bis es an der Tür klingelte. Derweil bettete ich Heide bequem und versuchte ihre verzweifelten Versuche zu entschlüsseln, mir etwas mitzuteilen. Sie wurde immer langsamer, stiller, war kaum noch bei Bewusstsein, bis sie schließlich ihre Augen schloss.

In der Klinik brachte eine Computertomografie die traurige Wahrheit ans Licht – Gehirnblutung. In ihrem Gehirn war ein Gefäß geplatzt. So zentral, dass die Ärzte eine Operation ablehnten, um weiteren Schaden durch einen Eingriff zu vermeiden.

Da lag sie nun. Eine Frau, die mitten aus dem Leben gerissen worden war. Scheinbar ohne Bewusstsein. Niemand konnte sagen, ob sie dieses Ereignis überleben würde. Sie lag in der gleichen Klinik wie ich damals knapp fünfzehn Jahre zuvor, als ich Heide noch gar nicht kannte.

Ich besuchte sie jeden Tag, kümmerte mich zwischendurch um meinen Sohn und versuchte auch, unseren Hunden, so weit es ging, gerecht zu werden.

Merkwürdigerweise »starrte« Heide immer wie gebannt in eine Ecke ihres Krankenzimmers, als ob sie mit jemandem kommunizierte, und manchmal bäumte sie sich trotz des Komas auf und drohte dabei aus dem Bett zu fallen, weil ihre rechte Seite komplett gelähmt war.

Etwa zwei Wochen später, Heide lag immer noch im Koma, war ich mit unseren Hunden im Wald. Da rief Gila an, Heides Seelengefährtin. Sie wusste, was geschehen war, weil ich ihr Bescheid gegeben hatte, und sie war im Geiste immer bei uns. Gila war Heides gute Freundin. Zwischen ihnen bestand eine sehr innige Verbindung, aber sie sahen sich nur selten, weil Gila mehrere hundert Kilometer weit entfernt wohnte.

Und doch kam dann dieser Anruf aus der Ferne: »Gerald, geh bitte zurück in die Klinik. Heide wird gleich aus dem Koma erwachen!«

Ich war so verdutzt, dass ich noch nicht einmal etwas erwidern konnte, legte auf und machte mich sofort auf den Weg. In der Klinik angekommen stürmte ich in ihr Zimmer, und just in diesem Moment kam Heide wieder zu sich. Woher Gila das gewusst hatte, kann ich nicht sagen. Offensichtlich gab es da eine Verbindung zwischen ihr und Heide, die sich mir zum damaligen Zeitpunkt noch nicht erschloss. Denn kurz zuvor schien sie schon einmal mit ihr in Verbindung gestanden zu haben: »Heide wird sicher zurückkommen. Mach dir keine Sorgen. Sie hat sich dazu entschieden weiterzuleben!« So Gila im Brustton der Überzeugung.

Nachdem Heide aus dem Koma erwacht war, wurde sie sofort in eine andere Klinik verlegt, um sie wieder auf die Beine zu bringen. Wir waren bemüht, unser Familienleben weitestgehend aufrechtzuerhalten. Mein Sohn Steffen machte dort seine Hausaufgaben, Heide ihre Therapien, und während der freien Zeit unternahmen wir lange Spaziergänge. Wir machten uns nichts vor. Die Lage war prekär. Niemand wusste, wie es weitergehen sollte, schließlich musste ich damit rechnen, Heide auch in Zukunft zu pflegen. Die Situation forderte mich über alle Maßen. Wie würde es Heide künftig wohl ergehen? Würde ich damit zurechtkommen? Wie wird mein Sohn Steffen damit umgehen? Aber es stellten sich auch ganz praktische Fragen, sie drehten sich zum Beispiel um unsere berufliche Zukunft und unseren Lebensunterhalt.

Besonders durch die intensive Auseinandersetzung mit dem Leben und dem Tod konnte uns diese Situation nicht gleichgültig sein. Wir fragten uns nicht, warum gerade uns dies geschieht. Für mich würde sich nun erweisen, wie echt und authentisch meine Nahtoderfahrung wirklich war und wie sich die Konsequenzen, die sich daraus ergäben, in den neuen Alltag umsetzen ließen. Wären meine Erlebnisse nur eingebildet gewesen, hätte unser Leben jetzt womöglich einen anderen Verlauf genommen. So aber erinnerte ich mich an meine Erkenntnisse, die mir Halt und Sicherheit gaben. Die Begegnung mit Dr. Eibl hatte mich auf meine Nahtoderfahrung aufmerksam gemacht, Heides Ereignis machte sie »lebendig«.

Unser Leben musste vor allem emotional neu organisiert werden. Gesellschaftliche Normen konnten uns da nicht helfen. Als Heides Bewusstsein langsam wieder nach außen drang, fingen wir an, uns damit auseinanderzusetzen. Da waren schon einige Jahre ins Land gegangen. Heide setzte die ersten Impulse für ein neues Leben. Was nun kam, konnten wir uns nur deshalb leisten, weil sich durch die isolierte Situation eine geistige Freiheit hatte entfalten können, die vorher so nicht möglich gewesen war. Wir fühlten uns nun nicht mehr von der sogenannten Normalität geleitet und waren unabhängig in unseren Entscheidungen. Unser Bild von einer Ehe begann sich gemeinsam zu verändern:

> »Ich habe dich damals nicht mehr als Ehemann empfunden, sondern als einen übergeordneten Freund, der Dinge möglich machen konnte, zu denen ich selbst nicht mehr fähig war.«

Heide sprach jetzt das aus, was schon Jahre zuvor für sie immer wieder Thema war. Sie wollte nicht heiraten, fühlte sich vom Leben eher dazu genötigt. Sie schätzte mich als guten Freund und will das auch heute nicht mehr missen. Ich fühlte, dass das nicht nur mit ihrer Situation zusammenhing. Ihr ging es nicht darum, mich als Freund zu haben, um versorgt zu sein. Ich fühlte dies aus den Tiefen ihres Herzens und gab ihr mein Versprechen, auch in Zukunft für sie da zu sein, egal, für welchen Weg wir uns entscheiden würden. Solange sie den Wunsch hat, mich an ihrer Seite zu haben, werde ich versuchen, dem gerecht zu werden.

Ich glaube, uns beiden fiel ein riesiger Stein vom Herzen. So etwas hatte ich nicht erwarten können. Wir beschlossen, ab sofort so zu leben, wie es unserem Fühlen entspricht. Nun würden wir beide frei und unabhängig sein. Die Entscheidung, füreinander da zu sein, folgt keiner ehelichen Verpflichtung mehr. Unsere Freundschaft ist wirklich und echt. Durch die Transparenz unserer Beziehung bemerkte ich wieder einen wichtigen Aspekt in meinem Leben, nämlich den der Fürsorge und Nächstenliebe – und wie das Leben für Heide sorgte, obwohl ich zunächst schon etwas verblüfft war. Was aber war dem Ganzen vorausgegangen? Heide sagte:

»Weißt du, unser Problem war nur beiseitegelegt. Ich habe dich nach meinem Ereignis nicht mehr als Ehemann wahrgenommen. Und dann hatte es noch lange gedauert, bis ich darauf kam, was eigentlich los ist. Einmal mit dir und hauptsächlich, wenn ich über mich selbst nachdachte. Meine Situation machte es mir möglich, die klassische Ehe innerlich zu verlassen. Damit fiel ich aus einer Rolle, die ich nie haben wollte. Ich hatte nun viel Zeit, darüber nachzudenken. Ich nahm das alles als schrecklich schlimm wahr, für dich und auch für mich, konnte es aber einfach nicht aussprechen.«

Dass Heide relativ spät auf dieses Thema zu sprechen kam, lag hauptsächlich daran, dass es eine Weile dauerte, bis ihr Bewusstsein wieder mit ihrem Alltag Kontakt aufgenommen hatte und ihre motorischen Werkzeuge in der Lage waren, das auch zu artikulieren. Ich weiß bis heute nicht, was sie während des Komas erlebte und mit welchen Informationen und Einsichten sie in Verbindung stand. Einige Menschen, denen ich begegnete, wissen nichts Detailliertes über ihren »bewusstlosen« Zustand während eines Komas oder einer Nahtoderfahrung. Aber sie sind sich absolut sicher, dass da etwas war, dass sie etwas gesehen oder gehört haben, was ihr Leben nachhaltig veränderte. Heide rang damals mit dem Tod, dem sie sehr nahe war; und auch wenn wir dabei nicht von einer klassischen Nahtoderfahrung sprechen können, wie sie heute charakterisiert wird, dürfen wir von einem Erlebnis in Todesnähe ausgehen:

»Die ganze Zeit habe ich die Schuld in mir getragen. Einmal, dass wir überhaupt verheiratet sind, und auch, dass ich dir mit meiner Situation eine solche Last aufbürde. Ich konnte das einfach nicht äußern. Ich fühlte mich an unserer Heirat nicht allein schuld, aber zu einem großen Teil, obwohl ich natürlich heute sehr dankbar bin, dass du bei mir geblieben bist und dass wir das alles so gut geregelt haben.«

Zu keiner Zeit kam es mir in den Sinn, Heide wegen ihres Zustands oder ihrer Gedanken zu verlassen. Ich führte das auf meine Jenseitserfahrungen zurück und orientierte mich immer mehr an den geistigen Gesetzen der Bedeutsamkeit des Lebens. Ich fühlte, dass es stimmig war und dass unsere Erwartungen uns am Leben hinderten.

Heide hat mir sehr anschaulich geschildert, welchen Sinn ihre Gehirnblutung hat, und auch ich dachte immer wieder darüber nach, was ich daraus zu lernen habe:

»An den Gedanken, die ich dir gerade erzähle, knabbere ich noch heute manchmal. Ich muss mich mit meiner Schuld auseinandersetzen. Ich habe darüber nachgedacht, wie alles war, wie es ist und wie es hoffentlich nie mehr sein wird. Heute entwickle ich langsam eine Vorstellung von meinem Leben und glaube, dass das alles unabhängig von meinem Körper ist. Ich sehe das alles als eine Chance, mein Leben nun in die richtige Bahn zu lenken.

Ich weiß nicht, ob ich jemals wieder laufen werde, aber ich werde leben.

Ich sitze im Rollstuhl, kann eine Seite kaum bewegen, vergesse viele Dinge, und es gibt Zeiten, in denen ich kein Wort herausbringe. Und doch fühle ich mein Leben leichter und einfacher als vorher. Die eigentliche Wende kam eine Woche vor meinem 51. Geburtstag, als ich mich plötzlich als einen doch wertvollen Menschen sah. Plötzlich trat Gabriele in mein Leben, und alles wurde liebenswert. Ich wurde liebenswert. Ein Gefühl, das ich so gar nicht kannte. Vorher sah ich mich trist und tot, dann wurde es plötzlich lebendig und hell.«

Gabriele war wie ein Engel in Heides Leben getreten. Später sollte sie einmal sagen: »Ich habe Heide nie als einen kranken Menschen wahrgenommen.«

Für Gabriele spielte Heides Situation keine Rolle. Sie sah hinter die Kulissen und hatte Heide als ein wertvolles Geschöpf und Geschenk erkannt. Ich beobachte die beiden noch heute gern, wie sie miteinander umgehen. Ihr Verhältnis ist so klar und rein und ihre Liebe füreinander ungezwungen und frei. Mit der Zeit lernte auch ich Gabriele immer besser kennen. Sie steht mit ihrer inneren Stimme in ständigem Kontakt und erfährt sich dadurch als einen ganzen Menschen. Sie ist unbeirrt und macht zwischen den Welten keinen Unterschied. Von außen betrachtet, sind es die Seelen, die Heide und Gabriele miteinander verbinden. Zumindest ist das mein Eindruck von außen. Auch wenn Heide nicht weiß, was sie während ihrer Bewusstlosigkeit erlebte, scheint sich mit dieser Begegnung nun ihre wahre Persönlichkeit zu entfalten. Gabriele sah nicht nur Heides Wert, sondern vermittelte ihr auch dieses kostbare Gefühl. Durch diese Verbindung wurde Heide auf sich aufmerksam und bekam dadurch die Möglichkeit, ihre Intuition und Persönlichkeit ins Leben zu integrieren, sich selbst als liebenswert und kostbar zu akzeptieren und dadurch ihr Bild von sich selbst zu korrigieren.

Nachdem Heide damals das Krankenhaus verlassen konnte war sie gänzlich auf mich angewiesen. Sie konnte weder ihren Diabetes selbst behandeln, noch war sie in der Lage, sich selbst zu pflegen. Mit jedem Bedürfnis musste sie sich an mich wenden, auch weil sie sich kaum äußern und bewegen konnte. Für uns beide war dies eine intensive Zeit des Lernens und der Auseinandersetzung, unsere beiden Wege kollidierten. Im Nachhinein formulierte es Heide so: »Dann wurde es schwierig, dann warst du da!«

Für mich war eine solche Aussage von Heide, auch wenn sie Jahre später erfolgte, nicht sehr schmeichelhaft, doch ich wusste, was Heide damit meinte. Je mehr sie ihr Bewusstsein wiedererlangte, desto klarer wurde ihr auch, was mit uns eigentlich los war und wie abhängig sie war. Ich wollte Heide dabei helfen, wieder unabhängig zu werden, was mich mächtig in die Bredouille und Heide an den Rand der Verzweiflung brachte.

Das Leben hält für jeden Menschen einen eigenen Weg bereit. Damit wohnten zwei Seelen in meiner Brust, und nun begann die eigentliche Arbeit an mir selbst. Ich konzentrierte mich auf unsere geistige Beziehung und die Fragen, die das Leben mir stellte. Fortan ging es mir immer weniger um die Zukunft, sondern um das Hier und Jetzt. Auch wenn es mir nicht immer gelang, suchte ich die Qualität im Leben und fand auf diesem Weg meinen geistigen Rhythmus. Tagein, tagaus der gleiche Ablauf. Dabei übte ich mich darin, keine Erwartungen zu haben, fürsorglich zu sein, gemäß dem Sinn hinter allem zu leben, für einen anderen Menschen da zu sein, ohne mich selbst zu opfern. Ich versuchte, die Qualitäten, die ich aus dem Jenseits kannte, in den Tag zu transportieren. Und damit konkurrierte mein Ego.

Manchmal wusste ich gar nicht, wie mir geschah. Auf der einen Seite gab es täglich ein Programm, Therapeuten gingen bei uns ein und aus, Arztbesuche standen an, ich musste mich mit Diabetes auseinandersetzen, Kochen, Waschen, Hausaufgaben. Andererseits hatte ich zu dieser Zeit ein gutes Gefühl für unser Leben, weil die verkrustete Alltagsstruktur von vorher mit einem Mal nicht mehr vorhanden war und ich mich auf das Wesentliche im Leben konzentrieren durfte. Langsam machte sich Demut in mir breit. Vieles war mir nicht mehr wichtig, womit ich mich vorher identifiziert hatte. Damit konnte ich an meinen Seelenanteil anknüpfen und ging mit Heide eine für mich ungewöhnliche Verbindung ein.

Veränderung

Viele Menschen spüren in sich den Drang, sich zu verändern. Sie sehnen sich nach innerer Freiheit und danach, weniger von äußeren Umständen abhängig zu sein. Je nachdem, wo wir gerade stehen, können wir zwischen unterschiedlichen Möglichkeiten wählen. Manche begeben sich in eine Psychotherapie, um überhaupt erst einmal ihr Ich zu entdecken. Andere machen sich auf den spirituellen Weg, um von ihrem Ego abzulassen, weil sie die Welt ohnehin zu egoistisch finden. Wieder andere werden mit der Nase darauf gestoßen und schlagen sie sich auch manchmal blutig. Dabei gibt es weder ein Richtig noch ein Falsch. Alle Wege sind so einzigartig, dass niemand das Recht hat, über sie zu urteilen. Selbst das, was wir »Krankheit« nennen, kann ein Weg zur Erlösung sein, wenn man die Kraft und den Mut aufbringt, aus dieser Perspektive zu denken und zu handeln. Heide hat das für sich offensichtlich erkannt und bemerkt, dass der alltägliche Blickwinkel sie nicht wirklich weiterbrachte – im Gegenteil:

> »Um heute frei sein zu können, musste ich mich noch einmal in eine tiefe Abhängigkeit begeben, sonst wäre ich vielleicht gar nicht auf die Idee gekommen, was in mir steckt!«

Mir ging es nicht darum, Heide wieder gesund an meiner Seite zu sehen, weil ich wieder ein »normales« Leben führen wollte. Ich wünschte mir nur von ganzem Herzen, dass sie für sich Erfüllung fände. Dass ich sie mit meiner Art zu helfen manchmal dabei behinderte, wenn ich zu viel für sie dachte oder tat, wurde mir erst später richtig klar. Meine »zwei Seelen« hatten alle Hände voll zu tun.

Am Anfang unseres neuen Lebens empfand ich eine tiefe Befriedigung mit dem wiedererlangten Gefühl der Demut, das ich nach meinem Unfall und meiner Nahtoderfahrung verspürt hatte. Nie zuvor hatte ich ein solches Gefühl in einer Beziehung erlebt. Mein Ego trat gänzlich in den Hintergrund, denn es ging darum, Heide am Leben zu erhalten. Sie allein konnte ihren Zucker nicht mehr kontrollieren. So war ich anfänglich Tag und Nacht gefordert, weil ich den physiologischen Rhythmus ihres Insulinhaushalts gar nicht kannte. In dieser Zeit lebten wir weitestgehend isoliert vom Rest der Welt und kümmerten uns wenig um das, was außen herum geschah. Wie auch? Es blieben weder Zeit noch Energie, um uns anderen Dingen zu widmen. Als die Anfangsschwierigkeiten vorüber waren, ging es mir dabei aber so gut wie nie in meinem Leben.

Der Anfang nach dem Ende

Nachdem Heide damals mit dem Notarzt in die Klinik gekommen war und die Diagnose ihren Schrecken verbreitet hatte, ging ich nach Hause und packte ihre Siebensachen. Es war bereits dunkel geworden und eisig kalt an diesem Abend. Allein lief ich den kurzen Weg durch die Nacht, als sich in mir plötzlich ein Gefühl breitmachte: »Jetzt wird alles gut.« Und meine erste Reaktion war damals: »Wie kannst du nur so etwas annehmen? So etwas darfst du noch nicht einmal im Traum denken!«

Ein Zwiespalt machte sich breit. Ich ahnte tiefinnerlich, dass Heide dies überleben und dass sie gestärkt aus dieser seelischen Situation hervortreten würde. Für Außenstehende mag das vor allem im Nachhinein überheblich klingen. Mich aber hatte dieser innere Dialog jahrelang verfolgt, und es dauerte lange, bis ich mich mit mir selbst versöhnen konnte. Ich befand mich in einem Konflikt mit mir selbst, mit meiner inneren Stimme und dem, was war.

Auch wenn nicht jeder Tag wie der andere war, kam mir Heide meist sehr zufrieden vor. Ich war derjenige, der nach einem festen Halt suchte und der mit sich haderte. Heide schien ihren Weg zu gehen, während ihr einziges Problem in dem Menschen bestand, der versuchte, ihre körperlichen und intellektuellen Defizite zu kompensieren. Ich hatte mich noch nicht im Griff.

Je mehr sich unser Alltag normalisierte, desto größer wurden meine Existenzängste. Was bringt unsere Zukunft und was soll aus uns werden? Krampfhaft versuchte ich, zum Jenseits Kontakt herzustellen, und je mehr ich das forcierte, desto kritischer wurde mein Ego. Als wir uns noch gesellschaftlich unabhängig fühlten, hatte ich damit überhaupt kein Problem. Mein Leben war still und leise und von niemandem gestört, sieht man einmal von den »guten Ratschlägen« derer ab, die alles anders gemacht hätten, als ich es tatsächlich tat. Wollte ich nun nicht in völliger Verwirrung enden, musste ich mir schleunigst etwas einfallen lassen, um meine guten Gefühle wieder zu etablieren.

Ich wälzte religiöse Schriften und spirituelle Literatur, weil sie das, was ich erlebte, am ehesten thematisieren. Von der spirituellen-esoterischen Literatur, sofern sie keinen Alltagsbezug hatte und die tatsächlichen Herausforderungen des Lebens aus meiner Sicht eher verdrängte, war ich sichtlich enttäuscht. Mir half mehr eine bodenständige und nachweisbare Richtung, die ich im Leben auch vertreten und leben kann, die mir eine praktische Hilfe bot und mit meinen realen Erfahrungen aus dem Jenseits vereinbar war. Damit drang ich wieder in meinen eigenen religiösen Kulturkreis ein, las aber die Bibel, vor allem das Neue Testament, mit anderen Augen.

Nun hatte ich wieder einen Leitfaden, dem ich unbeirrt folgen konnte. Meine innere Überzeugung wurde stärker und mein Nahtoderlebnis wieder präsenter. Ich war für mich auf einem guten Weg.

Unsere Ehe wurde währenddessen immer brüchiger, und es kristallisierte sich eine unausgesprochen neue Form des Zusammenlebens heraus, mit der ich anfänglich überhaupt nicht zurechtkam. Erst als ich anfing, Heide wirklich zuzuhören, und sie wieder ernst nahm, änderte sich meine Meinung.

Heide wurde zu meinem Spiegel. Ich muss mir zugutehalten, dass ich bis dahin keine Alternative hatte, weil ich mit anderen Aufgaben viel zu beschäftigt gewesen war.

Wenn alles, was geschieht, auch für den anderen passiert, dann musste ich mir eines Tages die Frage stellen, ob Heide meinetwegen ins Koma fiel, ob sie das alles für mich getan hat. Darüber wollte ich nicht spekulieren und ging daran, sie einfach danach zu fragen.

Sie aber sagte: »Die Gehirnblutung hätte ich auch ohne dich bekommen!«

Dieser Satz brachte mich wieder auf den Boden der Tatsachen zurück, und ich bemerkte, wie wenig Einfluss ich auf das Leben hatte und wie grandios meine Gedanken mich in eine mir bekannte Richtung winkten. Damit relativierte Heide meine destruktiven Gedanken und bedeutete mir weiter ihren Weg in die Unabhängigkeit:

> »Auch wenn Gabriele schon vorher da war, erkannte ich im Augenblick plötzlich ihren Wert. Ich weiß nicht, wie ich es sonst erklären soll. Es ist eine Freundschaft, die über das Leben hinausreicht. Ich befand mich auf dem Weg zur Selbständigkeit, zu einer geistigen Autonomie. In dieser Woche vor meinem Geburtstag war ich mir dann absolut sicher. Weil ich mich selbst erkannte und meinen inneren Wert auch sehen konnte. Ich wollte aus meinem konfusen Leben der letzten Jahre aussteigen. Früher bin ich immer gerannt und war stets auf der Flucht. Nie fand ich Ruhe. Meinem Leben und der Ehe konnte ich dadurch nicht entkommen.«

Auch Arthur sprach einmal von Engeln in Menschengestalt, die ihm bei der Genesung begegneten, und ich bin mir heute absolut sicher, dass wir die Augen und Ohren offen halten müssen, um solche Fügungen im Leben auch wirklich zu erkennen. Der einzige Plan, den es im Leben gibt, liegt in unser aller Möglichkeit, uns zu entfalten. Wie wir dies tun, liegt sicher an uns. Wir sollten uns über alle Begegnungen und Herausforderungen freuen, weil sie es sind, die uns den Weg weisen. Egal, ob wir sie im ersten Moment als gut oder schlecht interpretieren.

Das wahre Leben meint es immer gut mit uns. Wir müssen lernen, es wirklich zu begreifen. Das ist sicher keine leichte Aufgabe, doch die wichtigste, die wir haben. Ich hatte weder meine Situation noch die von Heide und schon gar nicht unser beider Leben erkannt. Erst Heide schenkte mir die Möglichkeit, mich selbst zu erkennen. Nun liegt es an mir, damit meinen Weg zu finden. Für mich wurden andere Menschen wichtig als für Heide, und einige trafen wir gemeinsam. Durch sie alle durfte ich das Leben erkennen und meine Orientierung wecken. Das war nicht immer einfach für mich, besonders wenn mir mein Ego einen Strich durch die Rechnung machte.

Auch heute noch stehe ich dem Leben häufig voller Verwunderung gegenüber, und ich bin natürlich immer noch dabei, meine Erfahrungen zu machen. Mir kommt es dabei aber gar nicht mehr darauf an, was geschieht, sondern wie ich letzten Endes damit umgehe. Das Leben und all die lieben Menschen um mich herum sind alle genauso für mich da wie ich für sie. Das liegt in der Natur des Lebens. Auch wenn mein Leben mit Heide eine ungeahnte Wendung nahm, ich eine lange Zeit in völliger Verwirrung verbrachte, bekam ich viele Begegnungen vom Leben geschenkt. Nennen wir es »Gott«, oder nennen wir es »Natur«.

Menschen wie Gabriele waren für mich eine wahrhafte Herausforderung, weil sie auch mir ungeschminkt entgegentrat. Gabriele lernte ich bei einem Vortrag kennen, bei dem ich gezögert hatte, ob ich ihn überhaupt halten sollte, weil ich damals nicht wusste, inwieweit ich mich mit meinen Erfahrungen offenbaren wollte. Heide lernte ich als Freund und Weggefährtin kennen und schätzen, daran hat sich bis heute nichts geändert. Deshalb danke ich an dieser Stelle allen Menschen, die mich auf meinem Weg begleiteten, und denjenigen, die heute noch an meiner Seite sind. Wenn das der Sinn meiner Nahtoderfahrung ist, dann hat sie sich für mich wirklich gelohnt.

Dank

Ein Buch mit einer so emotionalen Tragweite schreibt sich nicht von allein, und so danke ich Gabriele, die zu meiner Muse wurde und mich durch das ganze Buch begleitete. Sie stand mir mit wertvollen Tipps zur Seite und machte mir auch in schwierigen Zeit immer wieder Mut. Gabriele trat just an dem Tag in unser Leben, als das Angebot, dieses Buch zu schreiben, auf meinem Schreibtisch lag.

Der gleiche Dank gebührt meiner Weggefährtin Heide, die mit ihrer Geduld, Offenheit und selbstlosen Art erheblich zum Gelingen dieses Buches beitrug. Ohne sie wäre mein Leben anders verlaufen, und ich bin froh, dass wir uns gegenseitig bereichern durften.

Meinem Sohn Steffen danke ich dafür, dass er couragiert dort Verantwortung übernahm, wo es mir für die Zeit des Schreibens nicht möglich war, und meinem Bruder Steffen Doenicke für einen regen Austausch und weil er mich mit seinem Leben inspirierte.

Ohne meinen Lektor Werner Lord wäre dieses Buch nicht möglich gewesen. Er initiierte dieses Projekt und führte mich als Greenhorn mit einer Engelsgeduld durch das Labyrinth des Schreibens.

Der besondere Dank aber gilt all den liebenswürdigen Menschen, die mir ihre Erlebnisse anvertrauten und mit der Veröffentlichung ihrer Erzählungen einverstanden waren. Sie prägen den Charakter dieses Buches. Ich bedanke mich für ihre Geduld und ihr Vertrauen.

Anmerkungen

1 J. Jacobi: *Die Psychologie von C. G. Jung*, Rascher, Zürich 1959.

2 Govert Derix: *Ayahuasca, eine Kritik der psychedelischen Vernunft. Philosophisches Abenteuer am Amazonas*, Nachtschatten, Solothurn 2004.

3 John Horgan: *An den Grenzen des Wissens*, Fischer, Frankfurt 2000.

4 Alva Noë: *Du bist nicht dein Gehirn. Eine radikale Philosophie des Bewusstseins*, Piper, München 2010.

5 Wolfgang Behringer: *Chonrad Stoeckhlin und die Nachtschar. Eine Geschichte aus der frühen Neuzeit*, Piper, München 1994.

6 Constantin von Barloewen: *»Der lange Schlaf. Der Tod als universelles Phänomen der Weltkulturen und Weltreligionen«*, in ders. (Hg.): *Der Tod in den Weltkulturen und Weltreligionen*, Insel, Frankfurt 2000.

7 Amit Goswami: *Das bewusste Universum. Wie Bewusstsein die materielle Welt erschafft*, Lüchow, Stuttgart 2007.

8 Ernst R. Waelti: *Der dritte Kreis des Wissens. Außerkörperliche Erfahrungen – eine Mystik der Naturwissenschaft*, Ansata, Interlaken 1995.

9 1. Korinther 15, 44.

10 Paul Devereux: *Schamanische Traumpfade. Geheimnisvolle Spuren in der Landschaft und außerkörperliche Erfahrungen*, AT, Aarau 2001.

11 Christian Rätsch, Claudia Müller-Ebeling und Wolf-Dieter Storl: *Hexenmedizin. Die Wiederentdeckung einer verbotenen Heilkunst. Schamanische Traditionen in Europa*, AT, Baden und München 2005.

12 Linda Auer: *Die Augen meiner Seele. Kontakt mit Verstorbenen*, Schirner, Darmstadt 2010.

13 Paul Tholey: *Schöpferisch träumen. Wie Sie im Schlaf das Leben meistern. Der Klartraum als Lebenshilfe*, Klotz, Magdeburg 2008.

14 Tenzin Wangyal Rinpoche: *Übung der Nacht. Tibetische Meditationen in Schlaf und Traum*, Diederichs, München 2006.

15 Barbara Rommer: *Der verkleidete Segen. Erschreckende Nah-Todeserfahrungen und ihre Verwandlung*, Santiago, Goch 2004.

16 Burkhard Heim: *Der kosmische Erlebnisraum des Menschen*, Resch, Innsbruck 1988.

17 Ebenda.

18 Behringer, a. a. O.

19 Oskar Goldberg: *Die Wirklichkeit der Hebräer*, Harrassowitz, Wiesbaden, wissenschaftliche Neuausgabe 2005.

20 Vgl. Kenneth Ring: *Den Tod erfahren – das Leben gewinnen. Erkenntnisse und Erfahrungen von Menschen, die an der Schwelle zum Tod gestanden und überlebt haben*, Scherz, München 1985.

21 Jeffrey Long und Paul Perry: *Beweise für ein Leben nach dem Tod. Die umfassende Dokumentation von Nahtoderfahrungen aus der ganzen Welt*, Goldmann, München 2010.

22 Tanja Scagnetti-Feurer: *Religiöse Visionen*, Königshausen & Neumann, Würzburg 2004.

23 Tanja Scagnetti-Feurer: *Himmel und Erde verbinden. Integration spiritueller Erfahrungen* (Trungpa, 1989), Königshausen & Neumann, Würzburg 2009.

24 Carol Zaleski: *Nah-Todeserlebnisse und Jenseitsvisionen. Vom Mittelalter bis zur Gegenwart*, Insel, Frankfurt 1993.

25 Ebenda.

26 Michael Nahm: *Wenn die Dunkelheit ein Ende findet. Terminale Geistesklarheit und andere Phänomene in Todesnähe*, Crotona, Amerang 2012.

27 Franz-Theo Gottwald und Christian Rätsch: *Rituale des Heilens. Ethnomedizin, Naturerkenntnis und Heilkraft*, AT, Aarau 2000.

28 Govert Derix: *Ayahuasca, eine Kritik der psychedelischen Vernunft. Philosophisches Abenteuer am Amazonas*, Nachtschatten, Solothurn 2004.

29 Christian Rätsch, Claudia Müller-Ebeling und Wolf-Dieter Storl: *Hexenmedizin. Die Wiederentdeckung einer verbotenen Heilkunst. Schamanische Traditionen in Europa*, AT, Baden und München 2005.

30 Pim van Lommel: *Endloses Bewusstsein. Neue medizinische Fakten zur Nahtoderfahrung*, Patmos, Düsseldorf 2009.

31 Rick Strassmann: *DMT – Das Molekül des Bewusstseins. Zur Biologie von Nahtoderfahrungen und mystischen Erlebnissen*, AT, Baden und München 2004.

32 Galsan Tschinag: *Der singende Fels*, Unionsverlag, Zürich 2009.

33 Henning Graf Reventlow: *Epochen der Bibelauslegung. Bd. 1, Vom Alten Testament bis Origenes*, C. H. Beck, München 1990.

34 1. Johannes 1, 7.

35 Römer 8, 38–39.

36 Peter Heimann: *Erwähltes Schicksal. Präexistenz der Seele und christlicher Glaube im Denkmodell des Origenes*, Katzmann, Tübingen 1988.

37 Origenes: *Fontes Christiani. Commentarii in Epistulam ad Romanos*, Herder, Freiburg 1990–1996.

38 Hildegard von Bingen: *Scivias – Wisse die Wege. Eine Schau von Gott und Mensch in Schöpfung und Zeit*, Pattloch, Augsburg 1991.

39 Malidoma Somé in Geseko von Lüpke: *Altes Wissen für eine neue Zeit. Gespräche mit Heilern und Schamanen des 21. Jahrhunderts*, Kösel, München, 5. Aufl. 2008.

40 Kurt Aram: *Magie und Mystik in Vergangenheit und Gegenwart*, Albertus, Berlin 1929.

41 Idries Shah: *Die Sufis. Botschaft der Derwische, Weisheit der Magier*, Diederichs, München 1976.

42 Ebenda.

43 Zwi Werblowsky in Constantin von Barloewen (Hg.): *Der Tod in den Weltkulturen und Weltreligionen*, Insel, Frankfurt am Main 2000.

44 Sogyal Rinpoche: *Das tibetische Buch vom Leben und vom Sterben. Ein Schlüssel zum tieferen Verständnis von Leben und Tod*, Fischer, Frankfurt, 26. Aufl. 2002.

45 Ebenda.

46 Goldberg: *Die Wirklichkeit der Hebräer*, a. a. O.

47 Ebenda.

48 William James: *Die Vielfalt religiöser Erfahrung. Eine Studie über die menschliche Natur*, Insel, Frankfurt, 3. Aufl. 1997.